Magdalena Rozwadowski

Personalgewinnung

Externe und interne Rekrutierungsmethoden – Eine Analyse aus Sicht zweier Theorien

IGEL Verlag

Rozwadowski, Magdalena

Personalgewinnung

Externe und interne Rekrutierungsmethoden – Eine Analyse aus Sicht zweier Theorien

1. Auflage 2009 | ISBN: 978-3-86815-136-7

© IGEL Verlag GmbH , 2009. Alle Rechte vorbehalten.

Die Deutsche Bibliothek verzeichnet diesen Titel in der Deutschen Nationalbibliografie. Bibliografische Daten sind unter http://dnb.ddb.de verfügbar.

Dieses Fachbuch wurde nach bestem Wissen und mit größtmöglicher Sorgfalt erstellt. Im Hinblick auf das Produkthaftungsgesetz weisen Autoren und Verlag darauf hin, dass inhaltliche Fehler und Änderungen nach Drucklegung dennoch nicht auszuschließen sind. Aus diesem Grund übernehmen Verlag und Autoren keine Haftung und Gewährleistung. Alle Angaben erfolgen ohne Gewähr.

IGEL Verlag

Inhaltsverzeichnis

Abbildungsverzeichnis	II
1 Einleitung	**1**
1.1 Einführung in die Thematik	1
1.2 Mehrperspektivenanalyse als angewandte Methode und deren Nutzen für die Fragestellung	2
2 Personalgewinnung in Unternehmen	**5**
2.1 Begriffsabgrenzung der Personalgewinnung und ihre Ziele	5
2.2 Möglichkeiten und Methoden der Personalgewinnung	7
2.2.1 Externe Personalgewinnung	7
2.2.2 Interne Personalgewinnung	10
2.3 Faktoren des Einfluss auf die Personalgewinnung	13
3 Personalgewinnung und Mehrperspektivenanalyse	**15**
3.1 Transaktionskostentheoretische Betrachtung	15
3.1.1 Theoretische Grundlagen der Transaktionskostentheorie	15
3.1.2 Effiziente Abwicklung der Personalgewinnung in institutionellen Arrangements	18
3.1.3 Zur kritischen Würdigung der Transaktionskostentheorie im Zusammenhang mit der Personalgewinnung	27
3.2 Ressourcenbasierte Betrachtung	31
3.2.1 Theoretische Grundlagen des Ressourcenbasierten Ansatzes	31
3.2.2 Identifikation und Analyse wettbewerbsentscheidender Ressourcen in der Personalgewinnung	34
3.2.2.1 Humanressourcen als Grundlage von Wettbewerbsvorteilen	34
3.2.2.2 Personalgewinnungspraktiken und ihre Kombination als Grundlage von Wettbewerbsvorteilen	36
3.2.2.3 Personalgewinnung durch die Personalabteilung oder Auslagerung?	40
3.2.3 Zur kritischen Würdigung des Ressourcenbasierten Ansatzes im Zusammenhang mit der Personalgewinnung	42
3.3 Vergleich und Diskussion der Ergebnisse der Mehrperspektiven-analyse	45
4 Fazit	**49**
Literaturverzeichnis	**51**
Anhang	**58**

Abbildungsverzeichnis

Abbildung 2: Personalgewinnung aus Sicht der Transaktionskostentheorie   20

Abbildung 1: Nutzungsgrad der Beschaffungsmethoden (Branchenvergleich)   58

1 Einleitung

1.1 Einführung in die Thematik

Mitarbeiter und das in ihnen gebundene Wissen und die Fähigkeiten haben erheblichen Einfluss auf den wirtschaftlichen Unternehmenserfolg. Doch in den letzten Jahren erscheint es zunehmend schwieriger, geeignete Kandidaten für vakante Stellen zu akquirieren. Die zunehmende Globalisierung der Märkte und die fortschreitende Internationalisierung der Geschäftstätigkeit führen zur fortlaufenden Intensivierung des Wettbewerbs. Zudem werden aus demographischen Gründen qualifizierte Fach- und Führungskräfte knapp (vgl. Goedicke u.a. 2006, S. 152). Vor allem in schnell wachsenden Branchen, wie der IT-Branche, im Bereich Neue Medien und Telekommunikation, um nur einige Beispiele zu nennen, herrscht immenser Bedarf an qualifizierten Mitarbeitern (vgl. Knoblauch 2002, S. 57).

Weitere Gründe für die personelle Unterdeckung sind z.B. Unternehmensexpansionen, wirtschaftliche Aufschwungphasen, Fluktuation (vgl. Hentze/Kammel 2001, S. 241) und die Antizipation neuer Geschäftsfelder (vgl. Ridder 2007, S. 111). In Abhängigkeit von den Anforderungen, lösen sie einen kurz-, mittel- oder langfristigen Personalbedarf aus, der in qualitativer, quantitativer, zeitlicher und räumlicher Hinsicht stark variieren kann. Trotz Auswirkungen der Internationalisierung und dem Angebot gleichartiger Produkte und Dienstleistungen besteht für ein Unternehmen die Möglichkeit sich mit Hilfe von qualifiziertem Personal zu profilieren (vgl. Schneider 1995, S. 19). Grundsächlich werden in der Literatur zwei Alternativen der Personalgewinnung unterschieden. Sie werden nach der Zielgruppe differenziert, nämlich externe und interne Personalgewinnung. Ihr Hauptziel ist die Beseitigung der personalen Unterdeckung (vgl. z.B. Schanz 2000, S. 343).

Oechsler (vgl. 2006, S. 219) vertritt die Auffassung, dass Unternehmen sich im Wettbewerb um qualifizierte Mitarbeiter befinden und schließt daraus, dass Strategien der Personalgewinnung auch die Personalerhaltung bzw. -bindung umfassen sollten. Im Zusammenhang mit externer Personalgewinnung handelt es sich um die Information und Gewinnung potenzieller Mitarbeiter außerhalb des Unternehmens. Die interne Personalgewinnung hingegen beinhaltet das Angebot von Bildungsmaßnahmen und attraktiven Aufstiegschancen für das bestehende Personal. Keine einfachen Aufgaben bei zunehmendem Wettbewerbs- und Kostendruck. Um in Zeiten dynamischer Umwelt wettbewerbfähig zu bleiben und den Unternehmenserfolg zu sichern, besteht die Herausforderung der Personalarbeit zum einem darin, qualifizierte, motivierte und lernfähige Mitarbeiter auf dem externen Arbeitsmarkt zu gewinnen, und zum anderen, strategisch wertvolle Mitarbeiter dauerhaft an das Unternehmen zu binden.

Eine Professionalisierung der Personalarbeit und die Konzentration auf zielgruppenspezifische Aktivitäten verspricht diesbezüglich eine Steigerung der Effektivität und Effizienz der Personalgewinnung (vgl. Böck 2004, S. 227).

Ziel dieser Untersuchung ist es, externe und interne Personalgewinnung zu beschreiben und im Rahmen einer Mehrperspektivenanalyse theoretisch zu durchdringen. Es wird gezeigt, welche Aspekte der Personalgewinnung aus Sicht der Transaktionskostentheorie (TKT) einerseits und des Ressourcenbasierten Ansatzes (RBA) andererseits thematisiert werden können. Gefragt wird, welchen Beitrag die beiden Betrachtungsweisen zum Gegenstandsbereich Personalgewinnung leisten, welche relativen Vorzüge sich jeweils ergeben und an welche immanenten Grenzen die Ansätze bei der Analyse der Personalgewinnung stoßen. Anhand einer Gegenüberstellung der verschiedenen Betrachtungsweisen wird schließlich ein konstruktiver Umgang mit den Ergebnissen der Mehrperspektivenanalyse aufgezeigt.

Die Motivation, sich mit dem Thema „externe und interne Personalgewinnung" im Rahmen der Untersuchung zu befassen, stammt aus der hohen Bedeutung dieses Gegenstandsbereiches für die Praxis und der eingehenden Recherche spezifischer Fachliteratur. Dabei entstand das Bestreben die Personalgewinnung auf eine theoretische Basis zu stellen und der Frage nach dem Erkenntnisgewinn aus der Theorievielfalt näher nachzugehen. Bestärkt wurde diese Entscheidung schließlich durch ein Praktikum, das ich letztes Jahr bei einem Personaldienstleistungsunternehmen absolviert habe.

1.2 Mehrperspektivenanalyse als angewandte Methode und deren Nutzen für die Fragestellung

Ausgangspunkt für die Nutzung der TKT und des RBA zur Analyse der Personalgewinnung in dieser Untersuchung bietet die seit Jahren anhaltende Diskussion um die theoretische Basis der Personalwirtschaft und um die Ökonomiearmut in der Personalwirtschaftslehre.

Während die Lehrbuchanalyse von Wunderer/Mittmann (1983, S. 623) nur „ökonomische Spurenelemente" ergab, stellten Sadowski u.a. (1994, S. 397) einen „ökonomischen Silberstreif am Horizont" fest. Hax (vgl. 1991, S. 66) plädiert vor diesem Hintergrund explizit für die Nutzung der Neuen Institutionellen Mikroökonomie in allen Bereichen der Betriebswirtschaftlehre. Hauptsächlich, weil ihre Stärke in der Analyse von Marktbeziehungen und -prozessen liegt. Weibler/Wald (2004) zeigen nach einer Analyse von Fachzeitschriften, dass nicht nur die Mehrzahl der untersuchten Arbeiten theoretisch fundiert ist, sondern konstatieren zudem eine Hegemonie ökonomischer Theorien und ein Defizit im Gebrauch verhaltenswissenschaftlicher Ansätze (vgl. Weibler/Wald 2004, S. 268). Grieger (2005) hingegen hebt hervor, dass die kontinuierlich steigende Anzahl der Arbeiten zum strategischen Personalmanagement zeigt, „dass sich die ökonomische Orientierung des Faches, weder auf (mikro-)ökonomische Theorie reduzieren, noch in einen Gegensatz zu der Verhaltenswissenschaft bringen lässt" (ebd., S. 81).

Ein vergleichender Blick auf diverse Theoriefamilien zeigt, dass Sachverhalte auf eine spezifische Art gestaltet werden. Ihnen liegen bestimmte Annahmen zugrunde, aus denen unterschiedliche theoretische Aussagen abgeleitet werden können. Kurz gesagt, die Vertreter der jeweiligen Theoriefamilie betrachten das Problemfeld aus einer bestimmten Blickrichtung. Scholz (2000) akzentuiert den Erkenntnisgewinn für die Personalwirtschaft aus dem Theoriepluralismus, der „sich aus ihrem Objektbereich ergibt" (ebd., S. 54), und hält daher die Anwendung unterschiedlicher Ansätze auf einen Gegenstandsbereich für äußerst aussichtsreich.

In der wissenschaftlichen Literatur werden beispielsweise zahlreiche Vor- und Nachteile externer und interner Personalgewinnung zusammengestellt (vgl. für viele Berthel/Becker 2007, S. 258). Auf den ersten Blick erscheinen die Argumente zwar plausibel, doch diese Generalisierung ist insofern problematisch, weil die Argumente ohne jegliche Basis konstatiert werden. Die Entscheidungsfindung in der Personalgewinnung bleibt demzufolge theoretisch unbegründet. In dieser Untersuchung wird dagegen der Versuch unternommen die Anwendungsmöglichkeiten der TKT und des RBA für externe und interne Personalgewinnung deutlich zu machen. Zu diesem Zweck wird eine Mehrperspektivenanalyse vorgenommen, bei der der Gegenstandsbereich im Lichte verschiedener Ansätze gesehen wird (vgl. Sieben u.a. 2003, S. 24). Insgesamt kann festgehalten werden, dass diese Methode es erlaubt, die Personalgewinnung aus verschiedenen Blickrichtungen zu beleuchten und theoretisch zu durchdringen.

Theoriefamilien können als Schemata interpretiert werden, die eine bestimmte Vorgehensweise beinhalten (vgl. Ridder 2007, S. 33f). Laut Ridder (2007) schärft die Anwendung unterschiedlicher theoretischer Ansätze auf eine Problemstellung „das Bewusstsein für verschiedene Deutungsschemata und biet[et] die Möglichkeit bewusst ein handlungsgeleitetes Schema herauszubilden und andere Schemata zu berücksichtigen bzw. auf ihren Erklärungsgehalt hin zu überprüfen" (ebd., S. 39).

Die Auswahl der TKT und des RBA als theoretische Bezugsbasis ist dadurch begründet, dass sie aus differenzierten Theoriefamilien stammen und somit dem Anschein nach differenzierte Erkenntnisse liefern können. Zuerst wird auf die TKT eingegangen, den prominentesten Teilbereich der Neuen Institutionenökonomie. Sie wird in der Betriebswirtschaft sehr breit rezipiert (zu den Anwendungsbereichen vgl. z.B. Ebers/Gotsch 2006, S. 294ff). Aufgrund der Effizienzüberlegungen verspricht sie daher auch für personalwirtschaftliche Fragestellung einen großen Erklärungswert (vgl. Eigler 1996, S. 22).

Danach wird der RBA betrachtet. Der Ansatz erlangt stetig zunehmende Bedeutung in der Organisations-, Management- und Unternehmensforschung (vgl. Wolf 2005, S. 412ff). Das Konzept der Schaffung und Sicherung von Wettbewerbsvorteilen erscheint für personalwirtschaftliche Fragestellungen äußerst fruchtbar. Beide wecken viel versprechende Erwartungen bezüglich der Analyse und Diskussion der Personalgewinnung und stellen die Generierung aufschlussreicher Erkenntnisse in Aussicht.

Angesichts der Komplexität personalwirtschaftlicher Fragestellungen und der Interdisziplinarität des Forschungsgebietes der Personalwirtschaft (vgl. Drumm 2005, S. 12ff) überrascht das Fehlen einer allgemeinen theoretischen Fundierung kaum. Vor dem Hintergrund einer breiten theoretischen Fundierung sollte jedoch beachtet werden, dass unterschiedliche theoretische Blickrichtungen nicht nur eine größere Vielfalt an Erkenntnissen zur Folge haben (vgl. Ridder 2007, S. 39). Die den Erkenntnissen entstammenden Gestaltungsempfehlungen müssen nicht unbedingt harmonisieren, sondern können in Konkurrenz zueinander stehen (vgl. ebd., S. 34)

2 Personalgewinnung in Unternehmen

2.1 Begriffsabgrenzung der Personalgewinnung und ihre Ziele

In der Literatur existiert kein einheitlicher Sprachgebrauch, der den Prozess von der Suche bis zur Bereitstellung von Mitarbeitern beschreibt. Begriffe, wie „Personalbeschaffung" (Berthel/Becker 2007, S. 247), „Rekrutierung" (Rastatter 1996, S. 12), „Personalgewinnung" (Schanz 2000, S. 342) oder „Personalmarketing" (vgl. Bröckermann 2002) haben sich etabliert. Oft werden sie synonym genutzt, obwohl das inhaltliche Verständnis sowie die Intention der Autoren variiert. Da der weit verbreitete Begriff „Personalbeschaffung" aufgrund des Vorwurfs der Gleichsetzung der Beschaffung von Mensch und Material umstritten ist (vgl. z.B. Schanz 2000, S. 342), wird im weiteren Verlauf der Begriff „Personalgewinnung" verwendet. Meines Erachtens suggeriert er, dass es sich bei dem Personal um komplexe soziale Wesen handelt, die erst durch geeignete Maßnahmen des Unternehmens gewonnen werden.

Berthel/Becker (2007, die von Personalbeschaffung sprechen) definieren Personalgewinnung als „die Suche und Bereitstellung von Personalressourcen [ ], die der Deckung von Personalbedarf (entweder Ersatz- oder Neubedarf) dient" (ebd., S. 247). Klimecki/Gmür (2005) fassen alle Maßnahmen unter diesen Terminus „mit denen dem Unternehmen neue Qualifikationen und Motivationen von außen zugänglich werden" (ebd., S. 162, wobei „außen" sich nicht auf den externen Arbeitsmarkt beschränkt).

Aufgabe der Personalgewinnung ist die Beseitigung personeller Unterdeckung in qualitativer, quantitativer, zeitlicher und räumlicher Hinsicht (vgl. Jung 2006, S. 134). Zu diesem Zweck wird der Personalbestand durch Neueinstellungen oder interne Rekrutierung an den aktuellen Personalbedarf angepasst (vgl. Hentze/Kammel 2001, S. 242). Schanz (vgl. 2000, S. 342) spricht daher von der Anpassung personeller Kapazität, da nach dem Vergleich des Soll-Ist-Personalbedarfs Maßnahmen folgen, die eine Unterdeckung vermeiden sollen. Die weitere Argumentation in der Untersuchung orientiert sich bei dem Begriffsverständnis an den vorgestellten Definitionen.

Grundsächlich werden zwei Optionen, die der bedarfsgerechten Gewinnung von Mitarbeitern dienen, unterschieden. Die Personen, die gegenwärtig oder zukünftig für die Besetzung einer Position im Unternehmen in

Betracht kommen, können sich sowohl auf dem externen Arbeitsmarkt, als auch im Unternehmen befinden. Zusammen werden sie als das „Personalbeschaffungspotenzial" (Weber u.a. 2005, S. 236) bezeichnet.

Als Prozess betrachtet, beruht die Personalgewinnungsplanung auf Daten der Personalbedarfsermittlung. Um dem Ziel der Personalgewinnung gerecht zu werden, analysieren Unternehmen Beschaffungsmärkte und grenzen sie ein (vgl. Drumm 2005, S. 330f). Zielgruppenspezifische Personalgewinnungsmaßnahmen werden ergriffen, um mit den potenziellen Bewerbern zu kommunizieren, geeignete Bewerber für vakante Stellen zu akquirieren und den Personalbedarf zu decken. Eine Abgrenzung der Märkte kann nach den Gesichtspunkten Qualität, Quantität, Raum und Zeit erfolgen (vgl. Hentze/Kammel 2001, S. 249).

Vor dem Hintergrund der Arbeitsmarktsegmentierung zeigt sich, dass unterschiedliche Strategien zur Gestaltung der Personalgewinnung mehr oder weniger sinnvoll erscheinen und deren Auswahl daher sorgfältig erfolgen sollte, um den größtmöglichen Erfolg bei der Stellenbesetzung gewährleisten zu können.

In dieser Untersuchung werden traditionelle sowie neue Maßnahmen externer und interner Personalgewinnung betrachtet. Gemeinsam haben alle Personalgewinnungsalternativen, dass sie die Existenz von Anforderungsprofilen voraussetzen (vgl. Ridder 2007, S. 111ff). Dies ist notwendig um im Rahmen der Personalauswahl einen Abgleich des Fähigkeitsprofils des Bewerbers mit dem Anforderungsprofil sicher zu stellen. Aufgrund vieler Bewerbungen von potenziellen Kandidaten erfolgt die Personalauswahl, bei der mit Instrumenten der Eignungsdiagnostik der passende Kandidat ermittelt wird. Unmittelbar daran schließt die Einarbeitung des ausgewählten Mitarbeiters an (vgl. Jung 2006, S. 134). Tätigkeitsbereiche der Personalgewinnung sollten entsprechend dem Personal-Controlling koordiniert und evaluiert werden (vgl. Berthel/Becher 2007, S. 514ff).

Zusammenfassend kann konstatiert werden, dass die Personalgewinnung als personalwirtschaftliche Einzelfunktion eine entscheidende Rolle in der Unternehmensteuerung einnimmt. Die Gewinnung von Mitarbeitern in der benötigten Anzahl und Qualifikation, zur rechten Zeit, am rechten Ort ist zwingend notwendig, um einen reibungslosen Ablauf von Unternehmensprozessen zu gewährleisten (vgl. Fröhlich/Holländer 2004, S. 1404). Zweifellos kann abgeleitet werden, dass aufgrund fehlenden Personals das geplante Leistungsspektrum des Unternehmens nicht oder kaum realisiert werden kann und dem Unternehmen große Teile des Gewinns entgehen.

2.2 Möglichkeiten und Methoden der Personalgewinnung

2.2.1 Externe Personalgewinnung

Gegenstand externer Personalgewinnung ist die Information und Anwerbung potenzieller Mitarbeiter auf dem externen Arbeitsmarkt, d.h. die Gewinnung von noch nicht im Unternehmen Beschäftigten (vgl. Hentze/Kammel 2001, S. 267). Da auf dem externen Arbeitsmarkt Angebot und Nachfrage aufeinander treffen, kann vom „Schauplatz der Personalgewinnung" (Schanz 2000, S. 343) gesprochen werden.

Primäres Ziel externer Personalgewinnung ist „die Nutzung von Fähigkeitspotenzialen als Ressource" (Drumm 2005, S. 338), wenn vergleichbare Potenziale nicht im Unternehmen entwickelt werden können. Die Anwerbung von Auszubildenden und Berufsanfängern, bei denen die Fähigkeitspotenziale erst nutzbar aufgebaut werden müssen, gehört zu weiteren Zielen externer Personalgewinnungspolitik (vgl. ebd.).

Die Methoden zur Gewinnung potenzieller Mitarbeiter sind heute vielfältiger denn je. Die Abbildung 1 auf Seite 58 im Anhang dieser Untersuchung zeigt verschiedene Methoden externer Personalgewinnung bei Führungspositionen im Branchenvergleich. Die wohl klassischste und eine der am weitesten verbreitete Methode ist die Stellenanzeige in Printmedien (vgl. Becker 2005, S. 37ff). Anzeigenträger sind regionale und überregionale Zeitungen oder Zeitschriften. Sie ermöglichen die Ansprache einer breiten Zielgruppe und darüber hinaus die Information derjenigen, die nicht notwendigerweise aktiv auf Stellensuche sind. Der Erfolg einer Stellenanzeige hängt im Wesentlichen von der inhaltlichen und formalen Gestaltung sowie der zielgruppensicheren Medienauswahl ab. Fachzeitschriften eignen sich daher vor allem für eine branchenspezifische oder berufsgruppenorientierte Ansprache (vgl. Holtbrügge 2007, S. 97).

Die Nutzungsmöglichkeit des Internets als virtueller Personalgewinnungsweg bietet neue Methoden der Personalakquisition. Stetig zunehmende Bedeutung erlangt seit Mitte der 90er Jahre das Internet als Stellenbörse (vgl. Jäger/Jäger 1997, S. 30f). Jobanbieter sind kommerzielle Stellenanbieter (Jobbörsen) und nicht-kommerzielle Stellenanbieter, wie öffentliche Institutionen, Hochschulen oder Verlage. Sie bewirken eine schnelle und globale Verbreitung von Informationen und zählen wie Abbildung 1 zeigt zu den weit verbreiteten Methoden.

Stellenausschreibungen auf der unternehmenseigenen Homepage, das sogenannte Posting unter Rubriken wie Karriere/Jobs, sind laut der Abbildung 1 die meist verbreitete Methode. Sie dient nicht nur der virtuellen Mitarbeitersuche, sondern präsentiert zugleich das Unternehmen und dessen Leistungen. Außerdem symbolisiert ein professioneller Internetauftritt Innovationsfähigkeit (vgl. Schreiber-Tennagels 2002, S. 72ff).

Das Hochschulmarketing zielt auf die Anwerbung von Studenten und Absolventen (vgl. Hentze/Kammel 2001, S. 270ff). Durch Vergabe von Praktika, der Zusammenarbeit bei Untersuchungen, der Unterstützung bei Dissertationen oder Imageanzeigen in verschiedenen Medien können qualifizierte Fach- und Führungsnachwuchskräfte schon frühzeitig gebunden werden. Weitere Gestaltungsmöglichkeiten bilden Fachvorträge an Ausbildungsinstitutionen, Workshops, Hochschulmessen und Unternehmenspräsentationen (vgl. ebd.). Alle beinhalten das Potenzial, eine Vielzahl von Kandidaten anzusprechen und für das Unternehmen zu begeistern.

Eine weitere Personalgewinnungsmethode stellt das Sourcing dar, es bezeichnet die „zielgerichtete Recherche nach Kandidaten für offene Stellen" (Bröckermann 2001, S. 75). Initiativbewerbungen, die Unternehmen bei positiven Arbeitgeberimage und hohem Bekanntheitsgrad unaufgefordert erhalten, Stellengesuche und -börsen im Internet sowie Absolventenkataloge und Bewerberkarteien werden gezielt nach potenziellen Kandidaten durchsucht und ausgewertet. Insbesondere Absolventenkongresse und Rekrutierungsmessen zählen zum aktiven Sourcing (vgl. Bröckermann 2001, S. 75).

Abbildung 1 zeigt wie weit verbreitet die Anwerbung von Freunden, Familienangehörigen und Bekannten durch Betriebsangehörige in Form von Mund zu Mund Propaganda ist. Sie wird als Goodwill bezeichnet (vgl. Fröhlich/Holländer 2004, S. 1416). Immer häufiger werden erfolgreiche Empfehlungen über soziale Netzwerke mit attraktiven Prämien belohnt (vgl. Windolf 1990, S. 7, Knoblauch 2002, S. 67).

Trotz anfänglicher Skepsis hat sich die Personalberatung seit den 90er Jahren zu einer anerkannten und angesehenen Dienstleistung entwickelt und bietet heute ein weit gespanntes Aufgabenfeld an. Den Tätigkeitsschwerpunkt bildet die Unterstützung von Unternehmen bei der Suche und Auswahl von Führungskräften und besonders qualifizierten Fachkräften, das besagte Executive Search (vgl. Dincher/Gaugler 2002, S. 15f). Personalberater rekrutieren über Anzeigen in Printmedien oder im Internet (vgl. ebd., S. 62ff). Zunehmende Bedeutung erlangt aber eine weitere Möglichkeit. Bei der Suche per Direktansprache greift der Personalberater entweder auf einen Bewerberpool zurück oder recherchiert gezielt nach Kandidaten (vgl. ebd., S. 71). Zu unterscheiden ist, ob sich die Aktivitäten auf eine bestimmte Zielgruppe richten, das „Direct Search" (Knoblauch 2002, S. 62), oder ob das auftraggebende Unternehmen schon einen Kandidaten z.b. aus dem Konkurrenzunternehmen anvisiert hat. In diesem Fall würden sich die Bemühungen nämlich auf eine von vornherein namentlich bekannte Person richten. Der Personalberater betreibt „Headhunting" (ebd.), um diese Person abzuwerben und für das auftraggebende Unternehmen zu gewinnen.

Die Abschaffung des Vermittlungsmonopols der Arbeitsverwaltung im Jahre 1994 ermöglicht eine private Arbeitsvermittlung, die zwischen Arbeitsuchenden und Unternehmen vermittelt. Zu dieser Tätigkeit wird allerdings eine behördliche Genehmigung benötigt. Aufgrund ähnlicher Arbeitsgebiete ist eine strikte Trennung zwischen Personalberatern und privaten Personalvermittlern kaum mehr möglich (vgl. Dincher/Gaugler 2002, S. 25ff). Beide Branchen sind in die Aufgabengebiete der jeweils anderen vorgedrungen, so dass klare Grenzen zunehmend verschwimmen.

Daneben besitzen Unternehmen die Option, die Leistungen der Bundesanstalt für Arbeit und ihrer Arbeitsämter in Anspruch zu nehmen (vgl. Berthel/Becker 2007, S. 249). Laut Abbildung 1 tun sie dies aber sehr selten. Die Zentralstelle für Arbeitsvermittlung und die Fachvermittlungsstellen sind z.b. zuständig für die Vermittlung von qualifizierten Fach- und Führungskräften und die Auslandsvermittlung von Führungskräften der oberen Leistungsebenen. Zudem umfasst die Dienstleistung die Veröffentlichung von Stellenangeboten und -gesuchen im Internet (vgl. Klimecki/Gmür 2005, S. 170).

Dem Unternehmen steht aber nicht nur eine breite Palette von Möglichkeiten zu Verfügung, um über den konkreten Personalbedarf zu informieren, sondern auch die Aktivitäten des „Employer Branding" (Gmür u.a. 2002, S. 14). Sie fördern das Image und den Bekanntheitsgrad des Unternehmens und stellen es im positiven Licht dar. Mit der Präsentation als attraktiver Anbieter von Stellen sowie Karrierechancen zielt das Konzept aber nicht nur auf die Akquisition potenzieller Bewerber vom externen Arbeitsmarkt, sondern auch auf die Bindung derzeit Beschäftigter.

Zuletzt wird auf das Personalleasing eingegangen, welches für vorübergehenden, kurzfristigen Bedarf und für Zeiten der Hochkonjunktur geeignet ist. Zeitarbeitsfirmen arbeiten kundenorientiert und sind größtenteils auf Qualifikationssegmente spezialisiert (vgl. Scholz 2000, S. 465f). Die Leistungsbeziehungen spiegeln sich in einem Dreiecksverhältnis zwischen Verleiher, Entleiher und Leiharbeitnehmer wider. Eine Zeitarbeitsfirma (Verleiher) entleiht im Rahmen von Arbeitnehmerüberlassungsverträgen ihre Mitarbeiter an Kunden (Entleiher). Aus Sicht des Entleihers ist das Personalleasing eine im hohen Maße flexible Personalgewinnungsmethode, da die Personalkapazität schnell ausgeweitet wird, ohne Neueinstellung. Es werden auch keine langfristigen Verpflichtungen eingegangen. Zwar geht der Anspruch auf Arbeitsleistung und das Weisungsrecht auf den Entleiher über, das Arbeitgeberisiko verbleibt jedoch beim Verleiher (vgl. Hentze/Kammel 2001, S. 264f). Weitere Möglichkeiten der Inanspruchnahme von Fremdarbeitnehmern bieten Werk- und Dienstverträge.

Die hier erläuterten Maßnahmen reflektieren zahlreiche Gestaltungsmöglichkeiten externer Personalgewinnung. In der Regel nutzen Unternehmen aber den Multi-Channel-Ansatz, bei dem unterschiedliche Maßnahmen parallel zum tragen kommen. Bekanntermaßen erhöht die Wahl unterschiedlicher Rekrutierungsmethoden die Wahrscheinlichkeit, den geeigneten Mitarbeiter zu finden (vgl. Böck 2004, S. 228).

2.2.2 Interne Personalgewinnung

Wird eine Stelle frei oder entsteht neu, besteht die Möglichkeit intern nach potenziellen Kandidaten zu suchen und die Stelle aus den eigenen Reihen zu besetzen. Dass der unternehmensinternen Personalgewinnung mehr und mehr an Bedeutung zugesprochen wird, beruht einerseits auf den Bedürfnissen der Mitarbeiter, die zunehmend nach einer Entwicklung der eigenen Karriere streben. Andererseits auf der Tatsache, dass auf dem externen Arbeitsmarkt nicht alle benötigten Qualifikationen erworben werden können (vgl. Jung 2006, S. 136).

Zu den zentralen Zielen interner Personalgewinnung zählt Drumm (vgl. 2005, S. 334) primär die Minimierung von Einarbeitungskosten, zweitens die synergetische Nutzung von Mitarbeiterkenntnissen und -fähigkeiten und drittens die Gewährleistung von Entwicklungsangeboten.

Aktivitäten interner Personalgewinnung können sich auf einen Betrieb konzentrieren, unternehmens- oder konzernweit ausgeweitet werden (vgl. ebd., S. 335). Grundsächlich werden die Methoden interner Personalgewinnung danach unterschieden, ob sie ohne oder mit Personalbewegungen einhergehen (vgl. Jung 2006, S. 137).

Bedarfsdeckung ohne Personalbewegungen spiegelt das „Disponieren bei unverändertem Personalbestand" (Schanz 2000, S. 343) wider und ist daher nur für den vorübergehenden Bedarf geeignet und sinnvoll. Kurzfristige Bedarfsspitzen können durch Überstunden realisiert werden. In Zeiten saisonaler Schwankungen kann die Arbeitszeit verändert werden und in ruhigen Zeiten eignen sich Urlaubsverschiebungen zum Ausgleich. Zudem können un- oder angelernte Mitarbeiter eingearbeitet oder umgeschult werden (vgl. z.B. Jung 2006, S. 137f).

Im Folgenden werden Maßnahmen mit Personalbewegung erläutert. Innerbetriebliche Stellenausschreibungen informieren Mitarbeiter über offene Stellen im Unternehmen. Sie werden durch Rundschreiben, in Intranet oder am schwarzen Brett veröffentlicht und eröffnen dem Personal die Chance selbst Initiative zu ergreifen und die eigene Karriere und Entwicklung zu steuern (vgl. ebd., S. 140). Eine innerbetriebliche Ausschreibung frei werdender oder neu geschaffener Stellen kann nach § 93 BetrVG vom Betriebsrat verlangt werden, allerdings besteht keine allgemeine Pflicht. Laut §95 und §99 BetrVG trifft aber der Arbeitgeber die Auswahlentscheidung des Kandidaten (alle §§ des Betriebsverfassungsgesetzes beziehen sich auf die derzeit gültige Fassung).

Einen systematischen Informationsaustausch zwischen der Personalabteilung und Führungskräften über potenzielle Kandidaten im Rahmen der internen Personalgewinnung bezeichnet man als Stellenclearing (vgl. Jung 2006, S. 139). Hierzu zählen auch direkte Vorschläge durch Vorgesetzte (vgl. Bühner 2005, S. 71).

Werden Mitarbeitern gleich- oder höherwertige Stellen zugewiesen spricht man von Versetzung. Vertikale Versetzungen sind mit hierarchischem Aufstieg verbunden und daher typische Karriereverläufe für Führungskräfte. Bei horizontalen Versetzungen dagegen, werden den Fachkräften schwierigere Arbeitsgebiete zugewiesen, die aber vorwiegend auf der gleichen hierarchischen Stufe angesiedelt sind (vgl. Drumm 2005, S. 337).

Die Entwicklung von Laufbahn- und Karriereplänen oder „Vorgänger-Nachfolger-Modellen" (ebd., S. 336) ist weit verbreitet. Die Gestaltung reicht von allgemein bis hin zur individuell. So wird beispielsweise im Rahmen von Förderungsmaßnahmen und der individuellen Laufbahnplanung die berufliche und persönliche Entwicklung eines bestimmten Mitarbeiters vorausschauend festgelegt (vgl. Knoblauch 2002, S. 61).

Berthel/Becker (vgl. 2007, S. 373ff) identifizieren die Karriereplanung, die eine Stellenfolge gedanklich vorweg nimmt, als Teil einer umfassenden Personalentwicklung. Je nach Schwerpunktsetzung unterscheiden die Autoren dann eine Fach-, Führungs- oder Projektlaufbahn.

Der Personalausbildung und Personalentwicklung kommt eine herausragende Rolle im Rahmen der internen Personalgewinnung zu, da eine Unternehmung „nicht bereits fertig ausgeformte Fähigkeitspotenziale [ ] [einstellt], sondern sie *baut die benötigten Fähigkeitspotenziale selbst auf*" (Drumm 2005, S. 382, Herv. i. O.). Dieser Aussage zufolge ist es Zweck der Personalentwicklung bildungs- und stellenbezogenen Maßnahmen zu ergreifen, um das Fähigkeitsprofil des Stelleninhabers mit dem Anforderungsprofil der Stelle in bestmögliche Übereinstimmung zu bringen (vgl. z.B. Thom 2006, S. 5f)

Während die Fort- und Weiterentwicklung der im Unternehmen vorhandenen Mitarbeiter auf die Erweiterung bisheriger Qualifikationen und den Erwerb neuartiger Fähigkeiten und Kenntnisse zielt, stellt die Ausbildung neuer Mitarbeiter eine Grundlagenausbildung dar, die der Vermittlung von fachlichen Fähigkeiten und Kenntnisse dient (vgl. Knoblauch 2002, S. 60f). Entschließt sich das Unternehmen zu Investitionen in Humankapital, wird durch gezielte Maßnahmen der Personalentwicklung das Qualifikationsniveau der Mitarbeiter erhöht und die erforderlichen Fähigkeiten vermittelt. Kompetenzen und Schlüsselqualifikationen der Mitarbeiter sollen so weiterentwickelt werden, dass sie jetzigen wie zukünftigen Anforderungen der neuen Position gerecht werden können.

Die Personalentwicklung greift auf die Ergebnisse der Personalbeurteilung zurück. Diese kann als Ausgangspunkt gelten, um die potenzielle Leistungsfähigkeit bzw. den Fort- und Weiterbildungsbedarf zu ermitteln und Beförderungen zu begründen (vgl. Steinmann/Schreyögg 2005, S. 794). Personalentwicklung into the job umfasst alle Maßnahmen, die auf die Übernahme einer Position vorbereiten (vgl. Berthel/Becker 2007, S. 389). Weitere Gestaltungsalternativen stellen Training on the job, Training off the job oder eine laufbahnbezogene Personalentwicklung dar (vgl. Conradi 1983, S. 22ff). Je nach Bedarf und Zielsetzung existieren Personalentwicklungsmaßnahmen wie z.B. Coachings, strukturierte Mitarbeitergespräche (vgl. Ridder 2007, S. 161), Führungsnachwuchs- und Trainee- programme, Seminare oder Projekte (vgl. Drumm 2005, S. 419).

Die Aufzählung hat nicht nur einen Einblick in die Chancen unternehmensinterner Personalgewinnung gewährt, sondern auch deren Komplexität verdeutlicht. Viele Großunternehmen verfolgen den Grundsatz freiwerdende Führungspositionen primär mit im Unternehmen vorhandenen Mitarbeitern zu besetzen (vgl. Knoblauch 2002, S. 59). Laufbahn- und Nachfolgeplanungen dienen dann der langfristigen quantitativen und qualitativen Personalplanung von Fach- und Führungskräften. In Verbindung mit Personalentwicklungsmaßnahmen bieten sie eine solide Basis für eine erfolgreiche Realisierung interner Personalgewinnung, die im Idealfall der „Zielverwirklichung der Mitarbeiter und des Unternehmens" (Conradi 1983, S. 3) Rechnung trägt.

2.3 Faktoren des Einfluss auf die Personalgewinnung

Unumstritten ist, dass eine Vielzahl unternehmensinterner und -externer Faktoren Einfluss auf die Personalgewinnung nimmt. Evidenz dafür soll folgende Auflistung liefern.

Grundlage der Personalgewinnungsentscheidung stellt die Personalmarktforschung dar. Hierbei handelt es sich um die systematische Gewinnung und Analyse von „objektiv bzw. subjektiv bedingten Tatbeständen und Merkmalen des Arbeitsmarktes und des Beschaffungspotenzials" (Hentze/Kammel 2001, S. 245). Sie umfasst alle entscheidungsrelevanten Informationen, wie z.b. Personalbedarf, Wirtschaftlichkeit, Bedingungen am Arbeitsmarkt, organisatorische Voraussetzungen, rechtliche Rahmenbedingungen und Mitarbeiterbedürfnisse (vgl. Hentze/Kammel 2001, S. 245).

Vor allem können unternehmensstrategische Gründe, personalpolitische Grundsätze oder Betriebsvereinbarungen über Auswahlrichtlinien existieren, die regeln, welcher Markt oder welche Methode präferiert werden sollte (vgl. ebd., S. 258).

Unter ökonomischen Gesichtspunkten betrachtet bietet die Personalgewinnung ein interessantes Spektrum an Methoden, die mit unterschiedlichen direkten und indirekten Kosten verbunden sind. Plausibel erscheint die Entscheidung für diejenige Alternative, die eine adäquate Relation von Kosten und Erträgen widerspiegelt und die größten Erfolgaussichten verspricht.

Dass aber die Wahl einer Personalgewinnungsalternative nicht nur auf rationalen Argumenten beruht, sondern als Resultat von Interessengruppen interpretiert werden kann, verdeutlicht die Tatsache, dass verschiedene Akteure, wie der Betriebsrat, die Fach- und Personalabteilung, die Unternehmensleitung und das Personal, darauf zielen ihre Interessen zu verwirklichen (vgl. Kompa 1989, S. 23f).

Insbesondere rechtliche Rahmenbedingungen spielen eine Rolle, da Einstellungen, Versetzungen, Umgruppierungen und Kündigungen nach § 99 BetrVG der Zustimmung des Betriebsrats bedürfen. Zudem werden dem Betriebsrat Unterrichts- und Beratungsrechte bei der Planung von Veränderungen eingeräumt, die in § 90 BetrVG sowie explizit §92 BetrVG für die Personalplanung, geregelt sind. Laut §99, Abs. 2 Nr. 5 BetrVG kann der Betriebsrat auch eine Zustimmung zur Einstellung eines externen Bewerbers verweigern, wenn die nach § 93 BetrVG erforderliche Ausschreibung im Betrieb unterblieben ist.

Die Berücksichtigung der Bedürfnisse und Zielvorstellungen des Beschaffungspotenzials (vgl. Hentze/Kammel 2001, S. 257) ist in der Personalgewinnung hochgradig relevant. Denn die Gefahr der Frustration und sogar vorzeitiger Kündigung können Folgen mangelnder Berücksichtigung von Bewerberinteressen widerspiegeln und gravierende Folgekosten auslösen. Möglicherweise existieren auch fachliche und/oder persönliche Mobilitätsbarrieren (vgl. Hentze/Kammel 2001, S. 256ff), die den Mitarbeiter daran hindern, Anforderungen der neuen Position zu erfüllen.

Zuletzt soll darauf aufmerksam gemacht werden, dass die Wahl einer Personalgewinnungsmethode den Kreis der potenziellen Bewerber determiniert (vgl. Steinmann/Schreyögg 2005, S. 762). So werden bei den internen Stellenausschreibungen die Kandidaten auf dem externen Arbeitsmarkt per se ausgeschlossen. Quantitative und qualitative Aspekte potenzieller Kandidaten bei externer Personalgewinnung mittels Stellenanzeigen in Printmedien hängen wiederum z.B. von der Reichweite des Anzeigenträgers ab sowie von der Frage, ob die Zielgruppe überhaupt zum Leserkreis des Medium gehört (vgl. Holtbrügge 2007, S. 97).

Bei starker Konzentration auf Karriere- und Laufbahnplanungen erfolgt oft eine Art Kettenreaktion, in der die Mitarbeiter auf frei werdende Positionen nachrücken. Praktiziert ein Unternehmen vorrangig interne Personalgewinnung, müssen wiederum Nachwuchskräfte auf dem externen Arbeitsmarkt rekrutiert werden um den Personalbedarf zu decken. Soll der Personalbestand insgesamt erhöht werden, stellt die externe Personalgewinnung wiederum die einzige Lösungsmöglichkeit dar.

Für Bühner (vgl. 2005, S. 69) ähnelt das Wahlproblem zwischen externer und interner Personalgewinnung von der Grundstruktur her einer Make-or-Buy Entscheidung im Produktionsbereich. Es stellt sich demnach die Frage, ob ein geeigneter Mitarbeiter mit den erforderlichen Qualifikationen im Unternehmen vorhanden ist bzw. entwickelt werden kann oder ob ein neuer Mitarbeiter auf dem externen Arbeitsmarkt rekrutiert werden muss.

Laut einer Umfrage von 2005 liegt der Anteil der internen Stellenbesetzung bei Führungspositionen in Unternehmen mit bis zu 1000 Mitarbeitern bei ca. 45%, bei Unternehmen zwischen 1000 und 5000 Mitarbeitern bei ca. 49% und bei Unternehmen mit über 5000 Mitarbeitern bei ca. 58% (vgl. Becker 2005, S. 18). Daraus lässt sich der Schluss ziehen, dass mit der Unternehmensgröße auch der Trend zunimmt, Positionen intern zu besetzen. Der internen Personalgewinnung wird also Vorrang eingeräumt.

3 Personalgewinnung und Mehrperspektivenanalyse

3.1 Transaktionskostentheoretische Betrachtung

3.1.1 Theoretische Grundlagen der Transaktionskostentheorie

Dieser Abschnitt dient der Darstellung der TKT, dazu werden theoretische Grundlagen dieser Theorie herausgearbeitet.

Die Grundzüge und Ideen der TKT wurden erstmals in der Veröffentlichung von Coase (1937) thematisiert. Eine umfassende Weiterentwicklung und Begründung der TKT geht aber im Wesentlichen auf Williamson (1975, 1985) zurück und zählt heute zu der dominierenden Theorie der Neuen Institutionenökonomie. Die Kernidee der TKT besteht in der Annahme, dass verschiedene Arten von Transaktionen in bestimmten institutionellen Arrangements mehr oder weniger effizient abgewickelt werden können (vgl. Ebers/Gotsch 2006, S. 277).

Den Mittelpunkt transaktionskostentheoretischer Betrachtung bildet „die Koordination, insbesondere die Beherrschung und Überwachung wirtschaftlicher Leistungsbeziehungen" (Picot 1991, S. 147). Die zentrale Einheit der Analyse stellt eine Transaktion dar, die als „Austausch von Gütern und Leistungen bzw. Verfügungsrechten" (Neuberger 1997, S. 94) definiert wird.

Transaktionen verursachen Transaktionskosten (TK). Hierzu zählen Kosten der Anbahnung, Anpassung, Abwicklung und Kontrolle einer Vereinbarung. Vor Vertragsabschluss sind es Such-, Informations- und Verhandlungskosten (vgl. Williamson 1985, S. 20). Nach Vertragsabschluss fallen Kosten der Überwachung, Anpassung und Durchsetzung der Vereinbarung (vgl. ebd., S. 21) an. Milgrom/Roberts (vgl. 1992, S. 29f) bezeichnen die ex ante TK als Koordinationskosten und die ex post TK als Motivationskosten. Die Frage, wer welche Tätigkeiten wie am besten erfüllen kann, wird in Folge dessen als Koordinationsproblem formuliert. Die Durchführung der Transaktion sowie der Sicherstellung zielkonformen Verhaltens ist hingegen als Motivationsproblem zu untersuchen (vgl. Erlei/Jost 2001, S. 36f). TK sind zu trennen von den Produktionskosten (PK), die bei der Leistungserstellung selbst durch den Verbrauch knapper Ressourcen verursacht werden (vgl. Ridder 2007, S. 78). In der TKT bildet die Summe aus PK und TK den Maßstab der Vorteilhaftigkeit (vgl. Ebers/Gotsch 2006, S. 277).

Das Menschenbild in der TKT basiert auf drei Verhaltensannahmen: begrenzte Rationalität, Opportunismus und Risikoneutralität (vgl. Williamson 1985, S. 30f). Die Akteure intendieren zwar rational zu handeln, aber aufgrund unvollständiger Information und beschränkter Informationsverarbeitungskapazität gelingt es ihnen nur unvollkommen (vgl. Ebers/Gotsch 2006, S. 279). Insbesondere die unvollständige und verzerrte Wiedergabe von Informationen dient der Verfolgung des Eigeninteresses. Opportunistisch handelnde Akteure greifen zu List, Lüge, Betrug sowie Täuschung (vgl. Williamson 1985, S. 47). Die dritte Annahme, die Risikoneutralität, ist kontrafaktisch und dient der Vereinfachung (vgl. Ebers/Gotsch 2006, S. 280).

Laut Williamson (1985, S. 52ff) unterschieden sich Transaktionen voneinander in drei Dimensionen. Diese lauten wie folgt „Asset Specificity", „Uncertainty" und „Frequency". Die bedeutendste, die Faktorspezifität, bezeichnet das Ausmaß transaktionsspezifischer Investitionen z.b. in Humankapital, Standort, Sachkapital oder zweckgebundene Sachwerte (vgl. ebd., S. 55). Differenziert wird zwischen Mehrzweck- und Einzweckinvestitionen, wobei die letzte, unter der Annahme, dass Vereinbarungen wie beabsichtigt erfüllt werden, Kostenersparnisse ermöglicht. Gleichzeitig tragen transaktionsspezifische Investitionen das Risiko, in alternativen Transaktionen kaum oder sogar gar nicht verwertbar zu sein. Dies ist bei Mehrzweckinvestitionen nicht der Fall (vgl. ebd., S. 54).

Zunächst kann festgehalten werden, dass dauerhafte Investitionen zu Stützung einer Transaktion zu Ersparnissen in den PK führen. Dies ist zurückzuführen auf Spezialisierungsvorteile (vgl. Ebers/Gotsch 2006, S. 281). Allerdings steigen die ex post TK proportional mit dem Ausmaß transaktionsspezifischer Investitionen. Sie implizieren eine Abhängigkeit zwischen den Transaktionspartnern und bieten somit Spielraum für opportunistisches Verhalten. Außerdem steigen die Opportunitätskosten der Auflösung des Austauschverhältnisses mit dem Ausmaß dieser Abhängigkeit (vgl. Ebers/Gotsch 2006, S. 281).

Die gesamten TK steigen auch mit zunehmender Unsicherheit (vgl. Williamson 1985, S. 59f). Dabei bezeichnet strategische Unsicherheit die Verhaltensunsicherheit, die auf opportunistisches Verhalten der Transaktionspartner zurückzuführen ist (vgl. ebd., S. 58). Die situative Unsicherheit thematisiert dagegen die Tatsache, dass keine genaue Aussage über situative Bedingungen und deren zukünftigen Verlauf getroffen werden kann (vgl. ebd., S. 58ff).

Dagegen sinken mit zunehmender Häufigkeit von Transaktionen sowohl PK als auch TK durch die Realisierung von Skalen- und Synergieeffekten (vgl. Ebers/Gotsch 2006, S. 282f).

Die oben erläuterten Charakteristika können um die Messbarkeit und Interdependenz einer Transaktion ergänzt werden (vgl. Milgrom/Roberts 1992, S. 30ff). Insbesondere die Messbarkeit des geschaffenen Wertes einer Transaktion ist oft schwer, teuer oder kann gar nicht exakt beurteilt werden. Die Bewertung wird dadurch erschwert, dass sie meistens in einem Netzwerk von weiteren Transaktionen eingebettet ist.

Williamson (vgl. 1991, S. 277ff) nennt vier Determinanten, die die Effizienz der Abwicklung einer Transaktion beeinflussen: (1) das Setzen von Anreizen, (2) die Kontrollmechanismen, (3) die Anpassungsfähigkeit an veränderte Bedingungen sowie (4) die Kosten der Etablierung und Nutzung des Arrangements selbst. Nun soll auf institutionelle Arrangements eingegangen werden, die der Überwachung und Beherrschung von Vertragsbeziehungen dienen (vgl. z.B. Williamson 1985, S. 68ff). Die Optionen werden auf vertragstheoretischer Basis differenziert.

Klassische Vertragsbeziehungen begründen das institutionelle Arrangement Markt (vgl. Neuberger 1997, S. 95). Die Transaktion ist von kurzer Dauer und weist einen „isolierten Charakter" (Erlei/Jost 2001, S. 47) auf. Da Vertragsbedingungen ex ante vertraglich festgelegt werden können und die Austauschbeziehung genau spezifiziert wird, steht Leistung und Gegenleistung in einem unmittelbaren Zusammenhang. Der Preismechanismus und der hohe Konkurrenzdruck unterstützen eine effiziente Abwicklung (vgl. Ebers/Gotsch 2006, S. 286). Denkbare Konflikte werden auf dem Rechtsweg gelöst (vgl. ebd., S. 284). Außerhalb dieser Transaktion werden keine weiteren Verpflichtungen eingegangen.

Im Gegensatz dazu werden relationale Vertragsbeziehungen über Hierarchien abgewickelt. Aufgrund der Komplexität und Langfristigkeit der Beziehung der Transaktionspartner können ex ante nur Rahmenbedingungen vereinbart werden (vgl. Erlei/Jost 2001, S. 48). Da die Vereinbarungen informal und implizit sind, muss ex post eine Möglichkeit zur Nachverhandlung und Anpassung existieren (vgl. Neuberger 1997, S. 97). Der Vorteil einer hierarchischen Abwicklung resultiert aus der bilateralen Anpassungsfähigkeit, da Änderungen in der Faktorkombination schnell umsetzt werden können (vgl. Williamson 1991, S. 278ff). Allerdings ist die organisationsinterne Leistungserstellung mit einer schwachen Anreizintensität konfrontiert, insbesondere bedingt durch Zurechnungs- und Messprobleme und fehlende Konkurrenz (vgl. Ebers/Gotsch 2006, S. 287) im Leistungsaustausch.

Zwischen den Idealtypen Markt und Hierarchie sind neoklassische Vertragsbeziehungen anzusiedeln. Diese Zwischenformen werden als Hybride charakterisiert (vgl. Williamson 1991, S. 271). Die Koordination erfolgt hierbei durch Kooperation. Es handelt sich um langfristige Verträge mit Anpassungs- und Sicherungsklauseln, die eine Abstimmung der Leistung und eine Kooperation der Akteure nach Vertragsabschluß ermöglichen (vgl. Ebers/Gotsch 2006, S. 284f).

Koordinationskosten auf Märkten umfassen Anbahnungskosten der Suche nach dem geeigneten Transaktionspartner sowie die Vertragskosten bei der Festlegung von Konditionen. Im Unterschied dazu fallen Koordinationskosten in Hierarchien für die Einrichtung und Erhaltung der Organisationsstruktur sowie die Information und Entscheidungen des Betriebes an (vgl. Erlei/Jost 2001, S. 38ff). Insbesondere Kosten der Absicherung und Durchsetzung des Vertrages werden unter den Motivationskosten auf Märkten subsumiert. In Organisationen dagegen entstehen Motivationskosten originär für die Überwachung und Bewertung von Mitarbeitern sowie für die Lösung von Konflikten (vgl. Erlei/Jost 2001, S. 38ff). In hybriden Organisationsformen werden Koordinations- und Motivationskosten der beiden Idealtypen, in Abhängigkeit der konkreten Ausgestaltung der Kooperationsbeziehung, vereinigt.

Vor dem Hintergrund aller genannten Annahmen besagt die zentrale These der TKT, dass Transaktionen umso effizienter abgewickelt werden können, je besser die Charakteristika des institutionellen Arrangements auf die Anforderungen der Transaktion, die aus den Transaktionsmerkmalen resultieren, abgestimmt sind (vgl. Ebers/Gotsch 2006, S. 277). Im Kern geht es demgemäß um eine Analyse komparativer TK.

3.1.2 Effiziente Abwicklung der Personalgewinnung in institutionellen Arrangements

Als führender Vertreter der TKT behauptet Williamson (vgl. 1985, S. 20), dass jede Fragestellung, die sich als explizites oder implizites Vertragsproblem formulieren lässt, aus Sicht der TKT analysiert werden kann. Eine umfassende transaktionskostentheoretische Analyse personalwirtschaftlicher Funktionen und personalwirtschaftlichen Handelns aus transaktionskostentheoretischer Sicht findet sich bei Eigler (1996). Neuberger (vgl. 1997, S. 105ff) hingegen überträgt die Idee der TKT auf Beschäftigungsverhältnisse und Föhr (1995) diskutiert die Personalberatung als Institution unter Zuhilfenahme transaktionskostentheoretischer Überlegungen. Andere Autoren geben wiederum lediglich eine kurze transaktionskostentheoretische Interpretation oder Würdigung personalwirtschaftlicher Maßnahmen oder Instrumente (vgl. z.B. Drumm 2005).

In diesem Abschnitt soll zuallererst geklärt werden, wie sich die im vorhergehenden Abschnitt vorgestellten Termini der TKT auf die Personalgewinnung übertragen lassen.

In Bezug auf die Personalgewinnung stellt die Rekrutierung als Leistung eine Transaktion dar, bei der definitionsgemäß (vgl. Neuberger 1997, S. 94) Güter und Leistungen über eine Schnittstelle ausgetauscht werden. Es erfolgt ein Austausch von Informationen welche Mitarbeiter mit welchen Qualifikationen in welcher Anzahl und zu welchem Zeitpunkt gesucht werden. Daraufhin werden Aktivitäten der Personalgewinnung von einem Transaktionspartner geplant und durchgeführt und nach Leistungserfüllung in irgendeiner Form von dem anderen Transaktionspartner honoriert.

Bei der Organisation und Abwicklung einer Transaktion entstehen TK (vgl. Picot 1991, S. 147). In diesem Sinne fallen bei der Personalgewinnung unterschiedliche Arten von TK an, sie umfassen Anbahnungs-, Vereinbarungs-, Kontroll- und Anpassungskosten. Diese sind zu trennen von den PK, die für die Durchführung der Methoden selbst anfallen, z.B. die Schaltung einer Anzeige, die Kosten der Nutzung der Jobbörse oder die Kosten einer Bildungsmaßnahme im Rahmen interner Personalgewinnung.

Das Ziel der TKT besteht darin, die relevanten Eigenschaften der Transaktion zu identifizieren, um so den Tauschvorgang der jeweils am effizientesten erscheinenden Organisationsform zuzuordnen (vgl. Ebers/Gotsch 2006, S. 277).

Zu diesem Zweck erfolgt hier zuerst die Ermittlung institutioneller Arrangements, die zur Abwicklung der Transaktion Personalgewinnung in Frage kommen. Dann werden die mit der Durchführung des Leistungsaustausches verbundenen TK eingehender untersucht sowie die Merkmale der Transaktion diskutiert. Schließlich folgt eine Beurteilung unter welchen Bedingungen, welche Institution am effizientesten erscheint.

Aus transaktionskostentheoretischer Sicht stellen Hierarchien, Märkte und Hybride alternative Formen der Organisation von Austauchverhältnissen dar (vgl. Williamson 1991, S. 269).

Die Abbildung 2 zeigt Optionen der Abwicklung der Personalgewinnung aus der Sicht der TKT. Sie beinhaltet zwei Dimensionen. Die horizontale Achse begründet die drei institutionellen Arrangements, die in der TKT thematisiert werden. Die senkrechte Achse bezeichnet die Wahl des Arbeitsmarktes, also die Entscheidung, ob bei der Personalgewinnung der externe oder interne Arbeitsmarkt die Zielgruppe der Aktivitäten darstellt. Wie aus der Abbildung ersichtlich, ergibt die Kombination eine Sechs-Felder-Matrix.

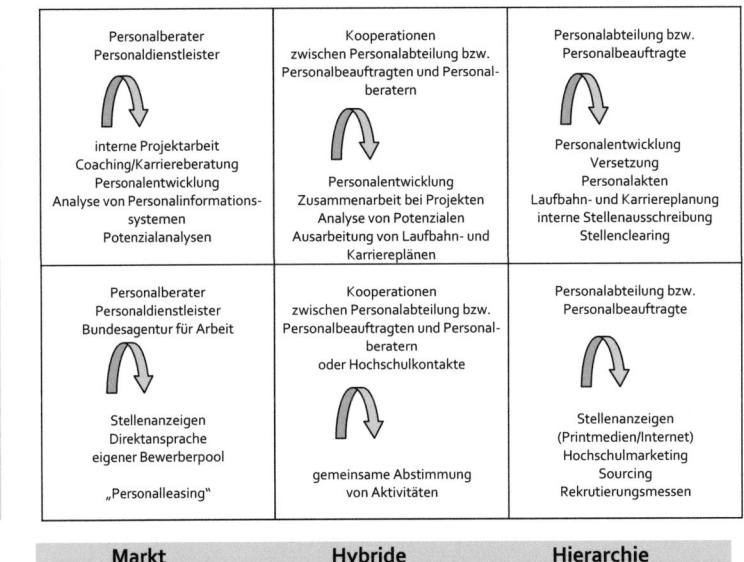

Abbildung 2: Personalgewinnung aus Sicht der Transaktionskostentheorie

Im institutionellen Arrangement „Hierarchie" erfolgt die Leistungserstellung organisationsintern, wobei die Personalabteilung bzw. Personalbeauftragte (Manager oder Abteilungsleiter) für die Erfüllung der Personalgewinnung verantwortlich sind. Sie planen und vollziehen dann externe Personalgewinnungsmethoden oder leiten entsprechende Aktivitäten interner Personalgewinnung in die Wege, die im Abschnitt 2.2.1 und 2.2.2 vorgestellt wurden. Alternativ können Unternehmen Leistungen über den „Markt" beziehen. Die Entscheidung, ob eine Leistung selbst erbracht wird oder von Dritten in Anspruch genommen wird, thematisiert das Make-or-Buy Kalkül (vgl. Wullenkord 2005, S. 3). Ein Fremdbezug von Personalgewinnungsdienstleistungen setzt die „Inanspruchnahme eines Intermediärs" (Föhr 1995, S. 136) voraus. „[B]argaining transaction" (Commons 1931, S. 652) bezeichnet dabei eine Einzeltransaktion, die über einen Vertrag am Markt abgewickelt wird. Das Unternehmen schließt eine Art Dienstleistungsvertrag mit einer Institution auf dem Markt, wie

Personalberatungsunternehmen, Personaldienstleistern oder Arbeitsämtern, ab, die eine Leistung anbieten.

Generell existieren Möglichkeiten einer Zusammenarbeit im Rahmen der Personalgewinnung. Längerfristige Kooperation zwischen der Personalabteilung und den Personalberatern/-dienstleistern verkörpern die Eigenschaften der „Hybride". Ein vielfältiges Spektrum an Zwischenformen ist denkbar, bei denen die Elemente beider Idealtypen kombiniert werden und die Abwicklung der Aktivitäten in enger Zusammenarbeit erfolgt. Das Innenverhältnis zwischen Auftraggeber und Auftragnehmer bei der Personalgewinnung sowie die damit verbundenen Kooperations- und Delegationsstrukturen können in Abhängigkeit der konkreten Ausgestaltung der Zusammenarbeit stark variieren.

Die zentrale Aussage der TKT besagt, dass diejenige Institution gewählt wird, die in der Summe die geringsten TK und PK verursacht (vgl. Ebers/Gotsch 2006; S. 277). Um eine effiziente Personalgewinnung zu gewährleisten, sollte sie in dem institutionellen Arrangement durchgeführt werden, das die kostengünstigste Abwicklung und Organisation ermöglicht. Im Kern geht es um komparative Kosten der Abwicklung der Personalgewinnung organisationsintern, durch Personalberater oder im Rahmen einer langfristigen Zusammenarbeit beider Transaktionspartner.

Im folgenden Schritt erfolgt eine Untersuchung der komparativen Kosten der Planung, Anpassung und Überwachung der Personalgewinnung in den vorgestellten Optionen.

Zum Arrangement „Markt": Bei der Inanspruchnahme einer Marktleistung fallen Koordinationskosten für die Recherche, Beratung und Reise an, um den geeigneten Personalberater ausfindig zu machen. Aufgrund einfacher Vergleichbarkeit der Vorteilhaftigkeit einer Leistungen und deren Preise (vgl. Ebers/Gotsch 2006, S. 286) sind die ex ante TK relativ niedrig. Der Preismechanismus unterstützt bei marktlichen Austauschbeziehungen die effiziente Ressourcenallokation (vgl. ebd.), wenn Leistung und Gegenleistung formulierbar und monetär bewertbar sind.

Die Kostenkomponente kann relativ schnell ermittelt werden. Bemessungsgrundlage für das Honorar des Personalberaters bildet meist das Jahreseinkommen der gesuchten Fach- oder Führungskraft. Empirische Befunde sind facettenreich. Laut einer BDU Studie aus dem Jahr 1999 lag das durchschnittliche Honorar bei 63% des Jahreseinkommen (vgl. Föhr 2004, S. 1401). Eine andere Befragung ergab im Durchschnitt 2,9 Bruttomonatsgehälter (vgl. Dincher/Gaugler 2002, S. 109). Bei der letzten Quelle wurden sogar zusätzlich zum Honorar Kosten für Inserate und Spesen mitkalkuliert.

Im Rahmen der Vertragsverhandlungen werden Erfolgsgrößen und feste Bestandteile des Honorars vereinbart sowie die Leistung (z.b. gewünschte Qualifikationen der Kandidaten, Terminvorgaben, Ziele etc.) festgelegt. Nach Föhr (2004, S. 1395) umfasst die Personalberatung im engern Sinne das „Executive Search". Wird die Beratungsleistung auch auf weitere Bereiche im Unternehmen erweitert, wie z.b. Bereiche der Personalentwicklung oder Verbesserung der Personalinformationssysteme, so handelt es sich um Personalberatung im weiteren Sinne (vgl. ebd.). Demnach kann der Personalberater bei der Personalgewinnung den externen Arbeitsmarkt nutzen und im eigenen Bewerberpool nach geeigneten Kandidaten recherchieren, Anzeigen im Internet oder in Printmedien schalten oder bei einer konkreten Zielperson seine Aktivitäten auf die Abwerbung ausrichten. Im Rahmen der Beratungstätigkeit im Unternehmen kann der Personalberater nach potenziellen Kandidaten für die neue Position suchen oder Potenzialanalysen durchführen.

Nach Vertragsabschluss erledigt der Personalberater also selbstständig die Leistung. Das Unternehmen überwacht z.b. Fristen oder teilt nachträglich Änderungen im Anforderungsprofil mit. Diese Zusatzkosten umfassen Kontroll- und Abwicklungskosten (vgl. Picot u.a. 2003, S. 49).

Insgesamt sind die gesamten TK relativ niedrig, wenn Leistung und Gegenleistung ex ante formulierbar sind und keine weiteren Verpflichtungen existieren. Es liegt eine klassische Vertragsbeziehung vor (vgl. Ebers/Gotsch 2006, S. 284). Es kann sich beispielsweise um die Suche und Auswahl eines Buchhalters handeln. Die Qualifikationen des Buchhalters sind eher allgemein, der Prozess läuft nach festen Regeln ab und das Ergebnis kann vom Unternehmen beurteilt werden. Die Transaktionspartner müssen keine transaktionsspezifischen Investitionen tätigen. Zudem herrscht auch wenig strategische Unsicherheit. Ist der Buchhalter gefunden, wird der Personalberater mit dem vereinbarten Betrag vom Unternehmen honoriert und die Transaktion ist abgeschlossen.

Folgende Chancen können bei einer marktlichen Abwicklung der Personalgewinnung festgehalten werden. Die Auslagerung der Personalarbeit schafft Potenziale zur Erzielung von Synergieeffekten (vgl. Föhr 1995, S. 140). Da Personalberater sich auf Teilaufgaben, wie das Executive Search oder auf bestimmte Marktsegmente (Branchen oder Berufe) spezialisieren, realisieren sie Produktivitätsvorteile. Dies resultiert daraus, dass sie Tätigkeiten wie Beratung, Suche und Auswahl von Fach- und Führungskräften häufig durchführen. Mit zunehmender Häufigkeit sinken die TK pro Transaktion. Spezialisierungs- und Lerneffekte führen zu Skalenvorteilen und folglich zu Kostenreduzierungen (vgl. Föhr 2004, S. 1399). Zudem bedingen das Know-how und die Marktkenntnisse der Personalberater Informationsvorteile. Besonders für kleine und mittelständige Unternehmen wären diese Tätigkeiten mit enormen Zeit- und Kostenaufwand verbunden bzw. aufgrund von fehlendem Know-how oder fehlenden Kapazitäten kaum realisierbar.

Zudem werden über die Variabilisierung von bislang fixen Kosten (die bei der Abwicklung durch die Personalabteilung anfallen würden) sowie die Reduktion des Personalbestandes (in der Personalabteilung) noch zusätzlich PK und TK gesenkt und eine effizientere Abwicklung der Personalgewinnung ermöglicht.

Wenn die Leistung ex ante genau formulierbar ist, keine transaktionsspezifischen Investitionen vorliegen und keine Abhängigkeit zwischen den Transaktionspartnern besteht, kann die Schlussfolgerung gezogen werden, dass eine Abwicklung über Personalberater effizient ist.

Aus transaktionskostentheoretischer Sicht empfiehlt sich daher die Auslagerung von Routine-/Standardleistungen, weil die Spezifität der Leistung relativ niedrig und die Güte ex post relativ einfach überprüfbar ist.

Als Beispiel kann die Beschaffung und von Fach- und Führungskräften, die keine betriebsspezifischen Kenntnisse benötigen, mittels der Stellenanzeige (Printmedien/Internet) genannt werden.

Erstens weist die Methode an sich eine niedrige Spezifität auf, zweitens benötigt der Bewerber keine betriebsspezifischen Qualifikationen sondern allgemeine Fach- oder Führungskenntnisse. Es besteht kein Raum für opportunistisches Verhalten. Dem Personalberater sind die Folgen ordnungswidrigen Verhaltens bewusst, er rechnet mit rechtlichen Sanktionen, Auftragsentzug oder Rufschädigung und ist um eine effiziente Abwicklung bemüht.

Zudem soll hier kurz auf das Personalleasing eingegangen werden. Es verursacht variable Kosten je nach Anzahl der Fremdmitarbeiter. Bei kurzfristigen Beschäftigungen kann ein Kostenvorteil realisiert werden, da keine fixen PK und TK anfallen. Dies gilt für Fremdmitarbeiter mit unspezifischen Qualifikationen, die eine leicht zu kontrollierende Leistung erbringen, weil hier mit niedrigen TK gerechnet wird. Zudem existiert kein Fehlbesetzungsrisiko wie bei einer Neueinstellung, da die Verträge schnell kündbar sind.

Aus Sicht der TKT eignen sich komplexe Dienstleistungen, die nicht genau formulierbar und längerfristig ausgerichtet sind, nicht zur marktlichen Abwicklung. Gemeint sind z.B. die Suche von Mitarbeitern mit unternehmensspezifischen Qualifikationen oder Rekrutierung per Direktansprache. Diese Optionen verursachen die höchsten Kosten und den größten Zeitaufwand (vgl. Dincher/Gaugler 2002, S. 109). Auch die Erarbeitung von Karriere- und Laufbahnplänen und die Abstimmung von Personalentwicklungsmaßnahmen ist viel zu komplex, da man nicht vom „isolierten Charakter" (Erlei/Jost 2001, S. 47) ausgehen kann und die Leistung ex ante nicht eindeutig formulierbar ist. Diese Aktivitäten würden transaktionsspezifische Investitionen benötigen. Zudem begünstigt die unvollständige Leistungsformulierung opportunistisches Verhalten und adäquate Überwachungsmechanismen fehlen. Die Abwicklung am Markt wäre ineffizient.

Als Zwischenfazit lässt sich festhalten, dass je schwieriger die exakte Formulierung der Vereinbarung und je größer die Unsicherheit über das zukünftige Ergebnis des Personalberaters, desto höher die TK (vgl. auch Ebers/Gotsch 2006, S. 283). Hat ein Unternehmen bei der Transaktion größere Bedenken, ob der Personalberater die Leistung erfüllen kann, ob er sie überhaupt erfüllen wird und hinsichtlich der Qualität des Ergebnisses, so steigen ex ante die Informationskosten. Konflikte und Unstimmigkeiten erhöhen ex post die Kontroll- und Anpassungskosten und zwar proportional zu dem Ausmaß der Unsicherheit und der begrenzten Rationalität. TK zusätzlicher Spezifität steigen bei marktlicher Abwicklung dagegen sogar überproportional (vgl. Picot u.a. 2003, S. 54).

Zu prüfen gilt daher, ob die Transaktion möglicherweise effizienter mit geringeren TK über Hierarchien abgewickelt werden kann.

Zum Arrangement „Hierarchie": Bei häufig wiederkehrenden Transaktionen erscheint die Schaffung unternehmenseigener Kapazitäten viel rentabler, als eine marktliche Abwicklung. Denn Großunternehmen können die Vorteile der Arbeitsteilung selbst realisieren.

In Bezug auf die Rekrutierung über die Personalabteilung lässt sich demnach folgern, dass je häufiger eine Personalabteilung neue Mitarbeiter mit den gewünschten Qualifikationen vom externen Arbeitsmarkt gewonnen hat und je häufiger interne Personalgewinnung bzw. je intensiver die Laufbahn- und Karriereplanung praktiziert wird, desto geringer werden die Kosten pro Transaktion sein.

Zudem ist die Unsicherheit über das Leistungsergebnis kleiner, wenn eine professionalisierte Personalabteilung über das nötige Fachwissen und die Erfahrung bei der Suche und Auswahl von Personal verfügt, was wiederum niedrigere PK und TK pro Transaktion impliziert.

Zu beachten sind aber hohe Koordinationskosten, die aus der Einrichtung und Erhaltung der Organisationsstruktur selbst hervorgehen (vgl. Erlei/Jost 2001, S. 39), die Williamson (1991) als fixe Kosten des bürokratischen Apparates bezeichnet. Eine organisationsinterne Abwicklung setzt die Spezialisierung der Mitarbeiter, der Technologie und der Prozesse in der Personlabteilung und somit transaktionsspezifische Investitionen voraus. Da die Verträge innerhalb der Hierarchie nur Rahmenbedingungen beinhalten und aufgrund von Veränderungen und Dynamik Anpassungsbedarf voraussetzen, werden höhere TK verursacht.

Einerseits ermöglichen transaktionsspezifische Investitionen Produktionskostenvorteile (vgl. Ebers/Gotsch 2006, S. 281). Andererseits führen sie zu Abhängigkeiten und bieten den Anreiz, diese opportunistisch auszunutzen (vgl. ebd.). Allerdings stellen Unternehmen verschiedenen Kontrollmechanismen und Anreize bereit, die ex post eine spezifische Abwicklung erleichtern. In Folge dessen entstehen hohe Motivationskosten für die Überwachung der Personalabteilung, für die Kontrolle der Anweisungen und für die Leistungsbewertung der Mitarbeiter in der Personalabteilung. Da Leistungen im Unternehmen interdependent von anderen Transaktionen sind, sind sie schwer zu messen. Zudem kann nichtkonformes Verhalten und Drückebergerei (vgl. Erlei/Jost 2001, S. 41) oft gar nicht erfasst werden.

Ein gutes Beispiel ist das Hochschulmarketing. Das Unternehmen kann nie beurteilen, ob die Personalabteilung die vereinbarten Beiträge geleistet hat oder engagiert genug bei der Akquisition von Studenten vorgegangen ist. Dies wird dadurch erschwert, dass viele Absolventen erst zeitlich versetzt auf das Unternehmen zurückkommen.

Als Argument für die Abwicklung über die Personalabteilung lässt sich festhalten, dass organisationsintern alle Einzelaktivitäten der Personalgewinnung besser aufeinander abgestimmt werden können, als in alternativen Arrangements. Auf lange Sicht kann eine Verbesserung des Hochschulmarketings ausgearbeitet werden oder die Änderung von Verträgen mit Jobbörsen erfolgen. Auch die Optimierung von Laufbahnplänen kann erst mit den Jahren stattfinden. Sie besitzt keinen isolierten Charakter und ist ex ante nicht explizit formulierbar.

Abschließend kann konstatiert werden, dass die Abwicklung der Personalgewinnung über die Personalabteilung bei großer Unsicherheit und hohen transaktionsspezifischen Investitionen das günstigste institutionelle Arrangement darstellt. Bei transaktionsspezifischen Investitionen in Technologien, Humankapital oder zweckgebundene Sachwerte empfiehlt sich aufgrund des Anreizes zum Opportunismus und der situativen Unsicherheit eine Abwicklung innerhalb der Hierarchie. Anreiz- und Kontrollmechanismen im Unternehmen ermöglichen dann eine effizientere Abwicklung (vgl. Picot u.a. 2003, S. 54) der Personalgewinnung.

Zudem müssen bei einer organisationsinternen Abwicklung Informations- und Kommunikationsströme in der Abteilung sowie abteilungsübergreifend gesteuert und aufeinander reibungslos abgestimmt werden. Bilden die TK den Effizienzmaßstab zur Beurteilung und Auswahl der alternativen Abwicklung, so ist die unternehmensinterne Abwicklung besser geeignet. Ein alternatives institutionelles Arrangement wäre aufgrund von Informationsdefiziten ineffizient. Steuerungs- und Kontrollsysteme im Unternehmen ermöglichen eine schnelle Anpassung an Veränderungen z.B. durch Anweisungen. Personalberater könnten diese Kontingenzen nicht berücksichtigen, da ex post Anpassungen von dieser Organisationsform nicht unterstützt werden.

Von besonderer Bedeutung bei der Besetzung einer Stelle ist, wie eingangs dargelegt das Ausmaß des benötigten spezifischen Humankapitals. Möglicherweise können die Anforderungen der Position nur durch Mitarbeiter im Unternehmen erfüllt werden. Die unternehmensspezifischen Qualifikationen, das implizite Wissen resultiert aus jahrelanger Betriebszugehörigkeit und ist in alternativen Situationen kaum einsetzbar. So ist es für Unternehmen günstiger, bei vorhandenen Laufbahn- und Karriereplänen und den dazugehörigen Personalentwicklungsmaßnahmen, den Mitarbeiter selbst intern weiterzuentwickeln oder adäquat auf zukünftige Veränderungen zu reagieren.

Existieren dagegen keine Laufbahn- und Karrierepläne oder hat das Unternehmen keine Erfahrung mit externer Personalgewinnung, sind wiederum Kooperationen mit Personalberatern effizient.

Zum Arrangement „Hybrid": Die TK, die der Kooperation zwischen der Personalabteilung und dem Personalberater zugeordnet werden können, umfassen zuerst Informationskosten, die für die Ermittlung des geeigneten Tauschpartners anfallen. Bei dem Wunsch einer intensiven Zusammenarbeit und gemeinsamen Abwicklung der Personalgewinnung sind in erster Linie einschlägige Berufserfahrung, Markt- und Brachenkenntnisse sowie Referenzen des Personalberaters von Bedeutung. Je spezifischer die Anforderung und je seltener das Unternehmen vergleichbare Transaktionen ausgelagert hat, desto aufwendiger und zeitintensiver gestaltet sich die Suche und desto höher sind ex ante die TK.

Stehen potenzielle Vertragspartner in Aussicht, fallen im nächsten Schritt Verhandlungs- und Vertragskosten an, um die Interessen zwischen Auftraggeber und -nehmer abzustimmen und Konditionen der Zusammenarbeit zu vereinbaren. In Anhängigkeit davon, wie die Transaktionspartner harmonisieren, ist ex post die Steuerung des Personalgewinnungsprozesses durch Anpassungs- und Sicherungsklauseln nötig.

So können Unstimmigkeiten hinsichtlich der Wahl und Abstimmung der Methoden oder der Auswahl der Bewerber auftreten. Je kontroverser die Zusammenarbeit und je enttäuschender die bisherigen Ergebnisse der Personalgewinnung, desto größer der Anpassungsbedarf ex post und desto höher die Motivationskosten.

Investitionen in spezifische Informationstechnologien zur Planung und Abwicklung der Personalgewinnung, Verarbeitung und Auswertung der Bewerberdaten oder Personalinformationssysteme senken die PK. Die Anforderungen an die Personalgewinnung können zielgenauer konzipiert und implementiert werden, je intensiver das Unternehmen mit dem Personalberater arbeitet. Synergieeffekte können aus der Bündelung des Know-hows beider Transaktionspartner resultieren.

Gleichzeitig steigen die TK, denn eine Abhängigkeit von spezifischen Investitionen kann opportunistisch ausgenutzt werden, wenn der Personalberater seinen Nutzen maximiert. Der Zugang zu sensiblen Unternehmens- und Personaldaten eröffnet opportunistisches Verhalten. Der Personalberater hält Informationen zurück oder täuscht das Unternehmen zu seinen Gunsten. Er könnte dem Unternehmen die zweitbesten Mitarbeiter vermitteln und die qualifizierten Bewerber für andere Kunden bereithalten. Im Rahmen der Karriereberatung könnte er versuchen, qualifizierte Mitarbeiter für andere Unternehmen zu gewinnen. Denkbar erscheinen auch erhöhte Preisforderungen im Laufe des Leistungsaustausches.

Das „nachträgliche Feilschen um Vertragsbedingungen" (Ebers/Gotsch 2006, S. 282) verursacht bei zunehmenden transaktionsspezifischen Investitionen steigende Koordinationskosten. Das opportunistische Verhalten des Personalberaters ist kontraproduktiv und die Abwicklung insgesamt nicht effizient. Bei Personalgewinnungsleistungen mit hohem Niveau an transaktionsspezifischen Investitionen ist daher die Abwicklung über die Personalabteilung, also innerhalb der „Hierarchie", vorteilhafter.

3.1.3 Zur kritischen Würdigung der Transaktionskostentheorie im Zusammenhang mit der Personalgewinnung

In diesem Abschnitt soll diskutiert werden, ob die TKT geeignet ist, Personalgewinnungsentscheidungen in der Praxis zu treffen. Dazu werden die relativen Stärken und Schwächen der Theorie herausgearbeitet.

Die TKT begründet ihre Gültigkeit nur unter den oben genannten Annahmen. Im Umkehrschluss bedeutet es, dass unter der Bedingung, dass alle Transaktionspartner immer über vollkommene Informationen verfügen und nie opportunistisch handeln, auf institutionelle Arrangements verzichtet werden könnte. Der Ausgangspunkt der Überlegungen der TKT impliziert aber, dass eine konfliktfreie Austauschbeziehung nicht existiert und nur durch Beherrschungs- und Überwachungssysteme eine effiziente Abwicklung realisiert werden kann. Daher ist die Existenzberechtigung institutioneller Arrangements (vgl. z.B. Föhr 1995) wie der Personalabteilung, der Personalberater und der Kooperation begründet.

Die Personalgewinnung als Leistung kann als ein Gestaltungsproblem betrachtet werden, dass entweder unternehmensintern oder durch Personalberater abgewickelt werden kann. Das Unternehmen entscheidet zwischen Eigenerstellung, Fremderstellung oder Kooperation bei der Abwicklung der Personalgewinnung. Unternehmen die unter Kostendruck stehen, haben die Möglichkeit Teilaufgaben der Personalgewinnung auf kostengünstigere Marktteilnehmer zu verlagern.

Die TKT widmet sich sehr intensiv den Überlegungen zum Outsourcing. Sie bietet den Vorteil einer erweiterten Kostenbetrachtung, da sie den ökonomischen Blick auf diejenigen Kosten schärft, die oft vernachlässigt werden. Nämlich die Kosten der Organisation und Abwicklung. Laut Berthel/Becker (vgl. 2007, S. 514) wird das Einsparungspotenzial bei einer Auslagerung von Leistungen in der Realität oft überschätzt. Insbesondere deswegen, weil der Abhängigkeit der Transaktionspartner und der hohen ex post Anpassungskosten wenig Beachtung geschenkt wird. Eine Entscheidungsfindung sollte in der Unternehmenspraxis aber nicht nur nach den PK geschehen, sondern insbesondere TK berücksichtigen. Nur so kann die effizienteste Entscheidung getroffen werden.

Die stark reduktionistische Betrachtung vereinfacht einerseits die Anwendung der Theorie, andererseits vernachlässigt sie die Komplexität, die aus der Interaktion mit der Umwelt und anderen Beziehung resultiert. Den allein die TK bilden den „Effizienzmaßstab zur Beurteilung und Auswahl unterschiedlicher institutioneller Arrangements" (Picot u.a. 2003, S. 49f).

Kritisch ist anzumerken, dass eine transaktionskostentheoretische Betrachtung aufgrund des „engen analytischen Fokus" (Ebers/Gotsch 2006, S. 296) einseitig ausgerichtet ist und sich auf Kostenbetrachtungen beschränkt. Die Make-or-Buy Entscheidung ist aber eine strategische Entscheidung. Da sie langfristige Auswirkungen hat und Fehlerhaftigkeit oft nicht mehr revidiert werden kann, sollte sie mit den Zielsetzungen des

Unternehmens abgestimmt werden. Existieren keine strategischen Einwände, dann erst sollten Kostenbetrachtungen ein wesentliches Kriterium bilden.

Bedenklich ist die Tatsache, dass die TKT von gleicher Qualität der Leistung in allen institutionellen Arrangements ausgeht. In der Realität ist die günstigste Leistungsabwicklung wohlmöglich mit der niedrigsten Qualität verbunden.

Ungeachtet dessen, ob man externe oder interne Personalgewinnung betrachtet, sollte bewusst sein, dass im Falle einer Fehlbesetzung mit unqualifizierten Mitarbeitern Folgekosten anfallen, deren Höhe nicht unterschätzt werden sollte. Diese Kosten lösen nun aufgrund der Notwendigkeit weiterer Transaktionen erneut TK aus. Unter Fluktuationskosten werden Abfindungen, Prozesskosten, Kosten der Neuausschreibung der Stelle usw. verstanden (vgl. Steinmann/Schreyögg 2005, S. 761). Zudem können gravierende Kosten und Arbeitsmängel entstehen, die daraus resultieren, dass ungeeignete Mitarbeiter an wichtigen Entscheidungsprozessen beteiligt sind oder ihre Aufgabe falsch erledigen (vgl. ebd.).

Da das Headhunting sehr kostspielig und spezifisch ist, würde die Leistung aus Sicht der TKT für ein Unternehmen nicht in Frage kommen und die Transaktion mit dem Personalberater somit nicht stattfinden. In der Realität würde der Headhunter aber mit hoher Wahrscheinlichkeit die beste Qualität, also den besten Mitarbeiter liefern.

Darüber hinaus haben auch andere Kriterien wie Kapazität oder Unternehmensphilosophie keine Berücksichtigung in der transaktionskostentheoretischen Betrachtung gefunden.

Als weiteren Kritikpunkt und stellvertretend für viele sei die Auffassung von Drumm (vgl. 2005, S. 18) zitiert, der die Bestimmung der TK kontrovers diskutiert und Schätz- und Zurechnungsprobleme aufgrund der Ordinalskalierung beklagt. Nicht nur die Quantifizierung der TK, die für die Anbahnung und Abwicklung der Personalgewinnung anfallen, ist schwer, auch die verursachungsgerechte Zurechnung der TK in der Personalgewinnung ist fast unmöglich. Williamson (1985) stellte schon früh das Quantifizierungsproblem fest, argumentierte aber, dass es dabei lediglich um einen Vergleich gehe, bei dem die Differenz der TK in den verschiedenen Institutionen, ausschlaggebend ist und nicht ihre absolute Höhe (vgl. Williamson 1985, S. 21f). In der transaktionskostentheoretischen Betrachtung in Abschnitt 3.1.2 konnte anhand der TK und der Transaktionsmerkmale abgewogen werden, unter welchen Bedingungen eine effiziente Abwicklung der Personalgewinnung gegeben ist.

Die Methodenkritik ist aber zum Teil berechtigt. Denn aus methodischer Sicht kann die TKT nur eine relative Vorteilhaftigkeit bestimmen. Die Problematik der empirischen Ermittlung der TK, die Identifizierung der relevanten Eigenschaften der Personalgewinnung sowie die Variation der PK in den alternativen Institutionen sind in der Realität wirklich schwer.

Bezüglich der Prämissenkritik ist festzuhalten, dass das der TKT zugrunde liegende Menschenbild, der menschlichen Komplexität nicht gerecht wird (vgl. Eigler 1996, S. 53). Heftig diskutiert ist die dem homo oeconomicus inhärente Annahme opportunistischen Verhaltens (vgl. Wunderer 2006, S. 305). Dass aber erfolgreiches Verhalten auf Reziprozität basieren kann, betont z.B. Drumm (vgl. 2005, S. 15), dabei wird positives und vertrauensvolles Verhalten Dritten gegenüber mit gleichen Verhalten beantwortet.

Ein Leistungsaustausch im Rahmen der Personalgewinnung sollte, um eine erfolgreiche Zusammenarbeit zwischen dem Unternehmen und dem Personalberater zu gewährleisten, auf Vertrauen und einer kooperativen Arbeitsweise basieren. Ist ein Unternehmen an einer längerfristigen Kooperation mit mehreren folgenden Transaktionen in der Zukunft interessiert, kann nur durch Vertrauensbildung und -sicherung eine langfristige Geschäftsbeziehung aufgebaut werden. Opportunistisches Verhalten würde den Ruf des Personalberaters schädigen und dazu führen, dass das Unternehmen zukünftige Transaktionen mit dem Akteur unterlässt und womöglich andere vor dem opportunistischen Verhalten warnt. In der TKT findet Vertrauen aber keine Beachtung, sie unterstellt immer opportunistisches Verhalten.

Den Erfolg einer Transaktion einzig an der Effizienz zu messen, ist insofern kritikwürdig, da soziale, kulturelle oder ethische Aspekte im Rahmen des Leistungsaustausches von der TKT nicht thematisiert werden. Aber berufsethischen Grundsätzen zu Folge unterlassen seriöse Personalberater das Headhunting im Kundenunternehmen und praktizieren vertrauensbildende Maßnahmen (vgl. Böck 2004, S. 230). Dennoch muss der Aussage zugestimmt werden, dass in der Realität opportunistisches Verhalten nicht immer erfasst werden kann.

Empirisch lässt sich der monetäre Aspekt als Hauptargument nicht belegen. Die Autoren Dincher/Gaugler (vgl. 2002, S. 18) bezeichnen die positive Entwicklung der Personalberaterbranche zwar als Ausdruck fortschreitender arbeitsteiliger Spezialisierung, der mit Kostensenkungen einhergeht. Die Ergebnisse empirischer Studien und Umfragen nennen aber folgende Beweggründe für die Einschaltung von Personalberatern: gewünschte Anonymität des Unternehmens, Erfahrung der Personalberater, umfassende Branchenkenntnisse und spezifisches Know-how sowie die Tatsache, dass sie als Außenstehende eine objektive Urteilsfindung versprechen (vgl. Dincher/Gaugler 2002, S. 17ff, Föhr 2004, S. 140of).

Als Zwischenfazit kann festgehalten werden, dass die TKT einen konzeptionellen Bezugsrahmen für die Beschreibung und Analyse der Abwicklung der Personalgewinnung verschafft. Vor dem Hintergrund einer Make-or-Buy Entscheidung bietet sie eine viel versprechende Anwendungsmöglichkeit auf ein hoch aktuelles empirisches Problem. Jedoch vernachlässigt sie qualitative Aspekte, in der Realität im hohen Maße entscheidungsrelevant sind. Eine zusammenfassende Beurteilung zeigt auch, dass die TKT, als eine der ökonomischen Theorien, mit dem Vorwurf eines stark vereinfachten und realitätsfernen Models konfrontiert wird.

3.2 Ressourcenbasierte Betrachtung

3.2.1 Theoretische Grundlagen des Ressourcenbasierten Ansatzes

Zielsetzung dieses Abschnittes ist eine Darstellung der theoretischen Grundlagen des RBA, der den Blick ins Unternehmensinnere lenkt. Vertreter dieses Ansatzes sehen in unternehmensspezifischen Ressourcen und Fähigkeiten sowie deren Kombination das Potential zur Generierung dauerhafter Wettbewerbsvorteile (vgl. Barney 1991, Wernerfelt 1984).

Der RBA, dessen historische Wurzeln im angloamerikanischen Sprachraum liegen, ist einer der bedeutendsten Ansätze im strategischen Management. Der Begriff signalisiert den noch vorparadigmatischen Charakter dieser Denkrichtung, da nicht von einer Theorie gesprochen wird (vgl. Wolf 2005, S. 412). Entsprechend seiner Argumentation lässt sich der RBA einem Resource-Conduct-Performance-Paradigma zuordnen, weil Wettbewerbsvorteile durch die Ressourcenbasis der Unternehmung begründet werden. Im Vergleich dazu führte das industrieökonomische Structure-Conduct-Performance-Paradigma Erfolg primär auf adäquate Marktkonstellationen zurück (vgl. ebd., S. 415f).

Grundlegende Ideen der Fokussierung unternehmensinterner Ressourcen stammen von Penrose (1959), die Unternehmen als Ansammlung von produktiven Ressourcen charakterisiert (vgl. ebd., S. 24). Diese Idee bildet den Ausgangspunkt für die Weiterentwicklung der konzeptionellen Grundlagen des Resource-Based View (Synonym zum RBA) von Wernerfelt (1984), der als Vorreiter dieses Ansatzes gilt.

Der RBA stützt sich auf zwei wesentliche Prämissen: die Ressourcenheterogenität und die Ressourcenimmobilität. Die erste Prämisse geht von einer asymmetrischen Ressourcenallokation zwischen Unternehmen aus, die mit der Unvollkommenheit der Faktormärkte erklärt wird (vgl. Barney 1991, S. 103). Da Unternehmen über unterschiedliche einzigartige Ressourcen und somit über heterogene Ressourcenbasen verfügen, entstehen überschiedliche Strategien, Branchenstrukturen und Unternehmenserfolge (vgl. Rasche/Wolfrum 1994, S. 503). Die zweite Prämisse besagt, dass unternehmensspezifische Ressourcen aufgrund ihrer Exklusivität und der abgegrenzten Eigentumsrechte nicht oder nur begrenzt transferierbar sind (vgl. Barney 1991, S. 103).

Der Ressourcenbegriff wird in ressourcenbasierten Schriften sehr weit gefasst. So bezeichnet Thiele (vgl. 1997, S. 39) diejenigen materiellen und immateriellen Faktorposten als Ressourcen, die zur Wertschöpfung eines Unternehmens beitragen. Dagegen definiert Wernerfelt (vgl. 1984, S. 172) alle Stärken und Schwächen des Unternehmens als Ressourcen. Barney (2002, S. 156) kategorisiert Ressourcen in: „financial capital", „physical capital", „human capital" und „organizational capital". Es macht Sinn die Identifikation und Klassifikation der Ressourcen und der Fähigkeiten eines Unternehmens sowie die daraus abgeleiteten Stärken und Schwächen immer relativ zum Wettbewerber zu bestimmen (vgl. Grant 1991, S. 115).

Die Vertreter des RBA sind sich einig, dass insbesondere immaterielle Ressourcen die wettbewerbsentscheidenden Voraussetzungen viel eher als materielle Ressourcen erfüllen. Dabei kann es sich z.B. um „Verfahrenskenntnisse, Unternehmenskultur" (vgl. Wolf 2005, S. 420), Mitarbeiterpotenziale, kognitive Fähigkeiten einzelner Humanressourcen oder ganzer Teams (vgl. Wright u.a. 1994, S. 307ff) handeln. Eng verbunden mit dem RBA ist das Konzept der Kernkompetenzen (vgl. Wolf 2005, S. 417), dass die Bedeutung organisationaler Fähigkeiten akzentuiert.

Die Attraktivität einer Ressource stellt lediglich eine notwendige, aber noch keine hinreichende Bedingung dar. Der Grund weshalb einige Ressourcen dauerhafte Wettbewerbsvorteile stiften, liegt in ihrem Potenzial „resource position barriers" (Wernerfelt 1984, S. 174) aufzubauen. Barney (vgl. 1991, S. 105ff) hebt explizit hervor, dass Ressourcen wertvoll, selten, nicht-imitierbar und nicht-substituierbar sein müssen, um dauerhafte Wettbewerbsvorteile generieren zu können. Die Kriterien für strategische Ressourcen wurden weiter ausgestaltet und sind heute unter der Bezeichnung „VRIO framework" (Barney/Wright 1998, S. 32) bekannt. Die Abkürzung VRIO steht dabei für value, rareness, imitability und organization (vgl. ebd.). Dabei wurde die Annahme der Nicht-Substituierbarkeit in der Annahme der Nicht-Imitierbarkeit berücksichtigt und das framework um die organisatorische Ausbeutbarkeit ergänzt.

Wertstiftenden Charakter besitzt eine Ressource immer dann, wenn sie eine Steigerung von Effizienz und Effektivität im Unternehmen ermöglicht, Chancen ausschöpft und Gefahren aufhebt (vgl. Barney 1991, S. 106), dabei kann der Wert aus geringeren Kosten oder höheren Nutzen resultieren (vgl. Peteraf/Barney 2003, S. 315ff). Diese Bedingung allein, sichert aber nur eine Wettbewerbsgleichheit und noch keinen Vorteil (vgl. Barney 2002, S. 173).

Weitere notwendige Bedingungen sind die Seltenheit und Nicht-Imitierbarkeit einer Ressource, letztere resultiert aus der Existenz und der Rigorosität bestimmter Isolierungsmechanismen (vgl. Wolf 2005, S. 419). Wobei drei wesentliche Einflussfaktoren genannt werden. Der erste Faktor ist „*idosynkratische* Historizität" (ebd., Herv. i. O.). Denn die Vergangenheitsentwicklung eines Unternehmens ist einzigartig z.B. aufgrund von Pfadabhängigkeiten (vgl. Rasche/Wolfrum 1994, S. 504) oder akkumulierten Know-how und Wissen (vgl. Dierickx/Cool1989, S. 1506) und von Konkurrenten nicht-imitierbar. Zweitens spiegelt sich kausale Ambiguität in unklaren Ursache-Wirkungs-Beziehungen wider. Drittens führt soziale Komplexität zu Interdependenzen zwischen Ressourcen (vgl. Barney 1991, S. 108ff). Prozesse können aufgrund fehlender Transparenz von Konkurrenten nicht reproduziert werden. Je stärker die Ausprägung dieser drei Isolierungsmechanismen, desto sicherer ist das Unternehmen vor Imitatoren abgeschottet (vgl. Wolf 2005, S. 420). Ressourcen dürfen nicht im vollen Ausmaß substituierbar sein, sowohl durch alternative Ressourcen, die eine gleichwertige Leistungserstellung ermöglichen, als auch durch äquivalente Kombinationen (vgl. Barney 1991, S. 111f).

Die organisatorische Ausbeutbarkeit soll die Frage klären, ob Unternehmen in der Lage sind den adäquaten Einsatz von Ressourcen zu gewährleisten und den ressourcenbasierten Wettbewerbsvorteil überhaupt auszunutzen (vgl. Barney/Wright 1998, S. 34ff), denn nur wenn es gelingt wertvolle, seltene und schwer zu imitierende Ressourcen organisatorisch umzusetzen, werden nachhaltige Wettbewerbsvorteile erzielt (vgl. Barney 2002, S. 173). Peteraf/Barney (vgl. 2003, S. 315f) argumentieren, dass Ressourcen, die die VRIO Kriterien erfüllen, höhere Leistungen oder niedrigere Kosten ermöglichen und somit einen größeren Kundennutzen schaffen, der unentbehrlich für nachhaltige Wettbewerbsvorteile ist. Diese spiegeln sich in Renten wider, die die Autoren als Erlöse eines Faktors über seine Opportunitätskosten hinaus, definieren (zu Ricardo-, Monopol-, Schumpeter- und Quasi-Renten vgl. z.B. Wolf 2005, S. 422f).

Gemeinsam ist dem Schrifttum zum RBA, dass in der Einzigartigkeit von Ressourcenallokationen und nicht nur in einzelnen Ressourcen die Basis für den Unternehmenserfolg gesehen wird. Dies ruht daher, dass die Akkumulation verschiedener Ressourcen wie Humanressourcen, Fähigkeiten, Prozesse und Strukturen zu einem spezifischen System eine Handelbarkeit am Markt ausschließt (vgl. Dierickx/Cool 1989, S. 1506).

Vertreter des RBA sehen die wichtigste Aufgabe des strategischen Managements in der Schaffung und kontinuierlichen Verbesserung eines Bündels von unternehmensspezifischen überlegenden Ressourcen und Fähigkeiten, durch die es dem Unternehmen gelingt, relativ dauerhafte Wettbewerbsvorteile zu erzielen und aufrechtzuerhalten. Folgt man der Logik des RBA, sind von den wettbewerbsentscheidenden Ressourcen und Fähigkeiten entsprechende Wettbewerbsstrategien für verschiedene Bereiche abzuleiten (vgl. Rasche/Wolfrum 1994, S. 502).

3.2.2 Identifikation und Analyse wettbewerbsentscheidender Ressourcen in der Personalgewinnung

Anhand der Kernidee des RBA wird im Folgenden untersucht, welche Ressourcen der Personalgewinnung die wettbewerbsentscheidenden Kriterien erfüllen und dauerhafte Wettbewerbsvorteile generieren können.

3.2.2.1 Humanressourcen als Grundlage von Wettbewerbsvorteilen

Ausgangspunkt der Überlegungen dieses Abschnitts bildet die Frage, inwiefern Humanressourcen eine Quelle von dauerhaften Wettbewerbsvorteilen darstellen können und welche Implikationen sich daraus für die Personalgewinnung ergeben.

Der RBA hat das strategische Personalmanagement bedeutend beeinflusst und maßgeblich zu deren theoretischen sowie empirischen Weiterentwicklung beigetragen (vgl. Wright u.a. 2001, S. 701ff).

Aus ressourcenbasierter Sicht bilden „Human Capital Pool", „Employees Relationship and Behaviors" und "People Management Practices" (ebd., S. 705) sowie die Wechselbeziehungen zwischen diesen Komponenten die Schwerpunkte strategischen Personalmanagements. Die überlegene Position aller genannten Komponenten und deren Abstimmung sichert nachhaltige Wettbewerbsvorteile (vgl. ebd., S. 706). Indem der RBA den Fokus auf unternehmensinterne Ressourcen lenkt, unterstreicht er einerseits das Personal als Quelle von strategischen Wettbewerbsvorteilen, anderseits diejenigen Praktiken, die auf ihre Gewinnung, Entwicklung und Isolation zielen. Da beide Faktoren das Potenzial besitzen, den Unternehmenserfolg zu steigern, können sie als Stärken eines Unternehmens identifiziert werden.

Saá-Pérez/García-Falcón (vgl. 2002, S. 123ff) vertreten die Meinung, dass Humanressourcen und HR-Praktiken das Potenzial besitzen, dauerhafte Wettbewerbsvorteile zu generieren. Nach Auffassung der Autoren ruht dies daher, dass klassische Wettbewerbsvorteile wie Produkt-Markt-Kombinationen oder Standorte aufgrund der hohen Wettbewerbsintensität, leichter Imitierbar- und Substituierbarkeit an Bedeutung verlieren. Im Vergleich dazu besitzen Humanressourcen „ein vielfältiges, aufgabenübergreifendes Einsatzspektrum" (Holtbrügge 2007, S. 20) und weisen eine geringe Abnutzung auf (vgl. Wright u.a. 1994, S. 305ff). Für die Konkurrenz sind spezifische Humanressourcen schwer zugänglich, da unternehmensspezifische intangible Ressourcen tief im Unternehmen verwurzelt und sozial eingebettet sind (vgl. Holtbrügge 2007, S. 28).

Der Human Capital Pool umfasst die Kenntnisse, das Wissen (vgl. Wright u.a. 1994, S. 304), das Urteilsvermögen sowie die Intelligenz hoch qualifizierter Mitarbeiter (vgl. Barney/Wright 1998, S. 32).

Festgehalten werden kann, dass Humanressourcen aus der Sicht des RBA als wichtiger Erfolgsfaktor identifiziert werden können. Wertvolle, seltene, schwer zu imitierende und organisatorisch erschließbare Humanressourcen können demzufolge Renten generieren. Die Implikationen, die derartigen Überlegungen zugrunde liegen, sind das Verständnis des Personals als wertvolle Investition und zugleich eine Distanzierung von der Auffassung des Personals als Kostenfaktor.

Der Wert von Humanressourcen ist als Grundvoraussetzung zu betrachten, denn nur wenn sie eine Kostensenkung bzw. eine Ertragssteigerung ermöglichen, sind sie im Sinne des RBA wertvoll. Dies ist insbesondere dann der Fall, wenn die Heterogenität der Humanressourcen im Angebot und Nachfrage (vgl. Wright u.a. 1994, S. 306) Ressourcenasymmetrien zwischen Unternehmen entstehen lässt. Barney/Wright (vgl. 1998, S. 33) heben in diesem Zusammenhang die Bedeutung von Praktiken hervor, die eine unternehmensspezifische Entwicklung der Humanressourcen sichern sollen. Auf diese wird im nächsten Abschnitt eingegangen.

Geht man davon aus, dass Fähigkeiten in der Bevölkerung normalverteilt sind (vgl. Wright u.a. 1994, S. 307), so kann auf ihre relative Seltenheit geschlossen werden. Die Kombination und Bündelung verschiedener Ressourcen im Unternehmen und der (un)bewusste Einfluss von Faktoren wie Unternehmenskultur und Personalführung bedingen die Nicht-Imitierbarkeit von Humanressourcen.

Der adäquate Einsatz, die historische Entwicklung und Beziehung zur Organisationsumwelt bedingen ihre Einzigartigkeit. Des Weiteren existieren große Interdependenzen zwischen Humanressourcen. Das zeigt sich beispielsweise bei der Betrachtung von Synergieeffekten, die explizit aus der Zusammenarbeit in und zwischen Gruppen resultieren und somit wettbewerbsentscheidend sein können (vgl. Ridder 2007, S. 85). Aufgrund sozialer Komplexität und uneindeutiger Identifizierbarkeit sind Prozesse für Konkurrenten nicht nachvollziehbar.

Selbst wenn es den Konkurrenten gelingt, ähnlich qualifizierte Mitarbeiter zu rekrutieren, muss zwischen den Fähigkeiten und dem Verhalten differenziert werden, denn „necessary abilities does not ensure that the required behaviours will be exhibited" (Wright u.a. 1994, S. 309).

Grundsätzlich gehen ressourcenbasierte Schriften vom Potenzialcharakter einer Ressource aus. Erst die organisatorische Erschließung und ihr adäquater Einsatz tragen zu nachhaltigen Wettbewerbsvorteilen bei. Dabei umfasst das Steuerungsproblem des strategischen Personalmanagements die Gestaltung aller Bedingungen, die eine Erschließung und Transformation der Potenziale in Arbeitsleistung zum Ziel hat (vgl. Ridder/Conrad 2004, S. 1711).

Entsprechend der Argumentation des RBA kann die Schlussfolgerung gezogen werden, dass die Personalgewinnung eine wesentliche Voraussetzung für den nachhaltigen Unternehmenserfolg ist, da ihre Aufgabe in der Rekrutierung und Versorgung des Unternehmens mit Humanressourcen besteht, die die VRIO Kriterien erfüllen. Diese Ressourcen stellen aus Sicht des RBA die Basis für dauerhafte Wettbewerbsvorteile dar.

3.2.2.2 Personalgewinnungspraktiken und ihre Kombination als Grundlage von Wettbewerbsvorteilen

Im Folgenden wird der Frage nachgegangen, ob Personalgewinnungspraktiken als Quelle von Wettbewerbsvorteilen interpretiert werden können und wenn ja, in welcher Weise sie ausgebaut bzw. geschützt werden sollten.

Dem RBA liegt die Annahme zugrunde, dass die Wettbewerbsfähigkeit eines Unternehmens auf der Nutzung und den Aufbau unternehmensspezifischer Ressourcen basiert (vgl. Barney 1991, Barney/Wright 1998).

„Organizational capital resources" (Barney/Wright 1998, S. 32), die eine Stärke des Unternehmens darstellen können, umfassen die Unternehmensstruktur, die Planungs- und HR-Systeme (vgl. Barney/Wright 1998,

S. 32), informelle Abstimmungen zwischen Gruppen (vgl. Ridder u.a. 2001, S. 29), „people policies, procedures and processes" (Gratton 1999, S. 171). All diese Aspekte können Bestandteile der Personalgewinnungspraktiken sein.

Für die Personalgewinnung lässt sich aus dem RBA das primäre Ziel ableiten, dass Unternehmen darum bemüht sein sollten, wertvolle, seltene, schwer imitierbare und organisatorisch erschließbare Personalgewinnungspraktiken und -potenziale zu identifizieren und systematisch auszubauen. Diese Praktiken sind im nächsten Schritt mit anderen immateriellen und materiellen Ressourcen derart zu bündeln, dass Wettbewerber diese Stärken nicht kopieren können, da sie aufgrund fehlender Transparenz Barrieren vorfinden oder die tatsächlichen Erfolgsfaktoren der Personalgewinnung gar nicht bestimmen können.

Aus Sicht des RBA kann die Adaption von „best practices" (Delery/Doty 1996, S. 803), die als effektive und dominante Standardpraktiken definiert werden, nicht zu dauerhaften Wettbewerbserfolg führen. Der Kerngedanke einer ressourcenbasierten Personalgewinnung fokussiert auf die Suche und den Einsatz unternehmensspezifischer und innovativer Personalgewinnungspraktiken, die die wettbewerbsentscheidenden Charakteristika nach Barney/Wright (1998) erfüllen und den Zugang zu spezifischen Humanressourcen sichern. Instrumente und Methoden der Personalgewinnung sollen demnach einen eigenständigen Beitrag zur Begründung und Steigerung des Unternehmenserfolges leisten. Best practices dagegen können von jedem problemlos übernommen werden.

Entscheidende Bedeutung aus Sicht des RBA kommt der internen Personalgewinnung zu. Laut Drumm (vgl. 2005, S. 334) zielt sie auf die synergetische Nutzung von Kenntnissen und Fähigkeiten der Mitarbeiter. Dies ist besonders dann relevant, wenn die zu besetzende Position einen hohen Grad an Humanspezifität verlangt (vgl. Ridder/Conrad 2004, S. 1708). Strategisch wertvolle Mitarbeiter verfügen über explizite und implizite Kenntnisse sowie über unternehmensspezifisches Know-how. Horizontale oder vertikale Versetzungen sowie individuelle Laufbahn- und Karrierepläne in Verbindung mit Personalentwicklungsmaßnahmen sind dann äußerst wertvolle Instrumente zur Sicherung und Erschließung der Humanressourcen. Instrumente interner Personalgewinnung können dann zur Stärke des Unternehmens zählen. Sie sind unternehmensspezifisch konzipiert und pfadabhängig. Karrierelaufbahnen in verschiedenen Unternehmen sind unterschiedlich gestaltet und die Personalentwicklungsmaßnahmen interdependent. Eine unternehmensspezifische Ausgestaltung aufgrund historischer Entwicklung verstärkt ihre Einzigartigkeit.

Auf diese Art ermöglichen sie dem Unternehmen die langfristige Bindung von Motivations- und Qualifikationspotenzialen, die die VRIO Kriterien erfüllen. Die verstärkte Zuwendung der internen Personalgewinnung scheint aus diesen Gründen gerechtfertigt.

Allerdings soll dies mit keiner Unterbewertung externer Personalgewinnung einhergehen. Die Bedeutung externer Personalgewinnung aus Sicht des RBA soll im Folgenden betrachtet werden.

Aus ressourcenbasierter Sicht ermöglicht die externe Personalgewinnung aufgrund ihrer Methoden einen Zugang zu neuen, bislang nicht genutzten Potenzialen. Mit der Beauftragung eines Headhunters mit der Personalgewinnung wird das Ziel verfolgt, Mitarbeiter mit speziellen Kenntnissen (z.b. des Konkurrenten) oder herausragenden Qualifikation abzuwerben (vgl. Klimecki/Gmür 2005, S. 160), die eine Personalabteilung in dieser Form nicht leisten kann. Aufgrund der Vorgehensweise und der attraktiven Kontakte ermöglicht ein Headhunter somit den Zugang zu seltenen und wertvollen Humanressourcen, die für das Unternehmen schwer zu beschaffen sind oder intern gar nicht entwickelt werden können.

Herausragende Bedeutung erlangt die Gewinnung von Nachwuchskräften im Rahmen des Hochschulmarketings (vgl. Hentze/Kammel 2001, S. 270). Auf Fachvorträgen und Messen wecken Unternehmen die Aufmerksamkeit von potenziellen Bewerbern, während der Praktika und der Zusammenarbeit bei Untersuchungen kann sich das Unternehmen von den Qualifikationen des potenziellen Mitarbeiters ein Bild machen. Aus ressourcenbasierter Sicht sind die Kontakte zu Hochschulen und Studenten, vor dem Hintergrund der War-for-Talents bzw. der Diskussion um die High Potentials, hochgradig relevant. Das Hochschulmarketing sollte derart organisiert sein, dass es langfristig als Fundament für die Personalgewinnung dient. Wertvolle und seltene Humanressourcen können frühzeitig vom externen Arbeitsmarkt identifiziert, akquiriert und intern durch entsprechende Personalentwicklungsmaßnahmen z.B. Traineeprogramme organisatorisch erschlossen werden.

Im Umkehrschluss lässt sich aus dem RBA ableiten, dass leicht zu beschaffende Mitarbeiter, die über unspezifische Qualifikationen verfügen, mit „Routinen" (Ridder/Conrad 2004, S. 1708) zu behandeln sind. In Bezug auf externe Personalgewinnung könnte es sich um die Schaltung von standardisierten Anzeigen in Printmedien oder im Internet handeln und der Inanspruchnahme der Vermittlungsaktivitäten der Arbeitsämter. Im Rahmen interner Personalgewinnung repräsentieren Versetzungen, die dem Ausgleich von Personalreserven dienen, derartige Routinen, weil sie kaum einen Beitrag zu den Kernkompetenzen leisten.

Von besonderer Bedeutung ist die Fähigkeit der Personalverantwortlichen alle Methoden der Personalgewinnung synergetisch anzupassen und einen „horizontal fit" (Wright/Snell 1998, S. 756), d.h. eine Abstimmung der Praktiken untereinander, herzustellen. Auch wenn einzelne Methoden der Personalgewinnung imitierbar sind, bewirkt eine Kombination der Praktiken, der Prozesse und der Fähigkeiten der Personalverantwortlichen eine einzigartige Ausgestaltung der Personalgewinnung. Ihre Ursache-Wirkungs-Beziehung kann von Außenstehenden nicht dechiffriert werden.

Außerordentliches Augenmerk sollte auch auf die Abstimmung externer und interner Personalgewinnung gelegt werden. Ziel sollte sein, die besten potenziellen Mitarbeiter mit Methoden der externen Personalgewinnung zu akquirieren, um sie dann im folgenden Schritt mit Methoden der internen Personalgewinnung in das Unternehmen einzubetten, ihre Nutzung und ihren Verbleib durch unternehmensspezifische Entwicklungsmaßnahmen organisatorisch zu sichern. Dieses Vorgehen kann aufgrund fehlender Transparenz und Komplexität der Prozesse der Personalgewinnung von Konkurrenten nicht kopiert werden, infolgedessen wird dem Unternehmen die Generierung von nachhaltigen Wettbewerbsvorteilen ermöglicht.

Zuletzt wird gesondert auf das Personalleasing eingegangen. Diese Personalgewinnungsmethode ist sehr wertvoll für das Unternehmen, weil der Personalbedarf schnell gedeckt wird und einige Unternehmen besonders in Zeiten der Hochkonjunktur das geplante Leistungsspektrum nicht erfüllen könnten. Da Zeitarbeitsfirmen ihre Leistungen vielen Auftraggebern anbieten, kann nicht von einer seltenen und nicht-imitierbaren Leistung ausgegangen werden. Auch sind sowohl die Fremdmitarbeiter aufgrund von Standardqualifikationen als auch die Zeitarbeitsfirma wegen dem hohen Konkurrenzdruck substituierbar.

Aus ressourcenbasierter Sicht besteht eine Gefahr darin, dass Fremdarbeiter Einblicke in unternehmensspezifische Prozesse erhalten und nach ihrem Ausscheiden explizites und implizites Wissen an andere Unternehmen preisgeben. Wettbewerbsvorteile können nun imitiert werden. Weil Fremdmitarbeiter nicht zu Mitarbeitern des Unternehmens zählen, können sie als Ressource nicht organisatorisch erschlossen und geschützt werden. Diese Art der Personalgewinnung generiert keine nachhaltigen Wettbewerbsvorteile, da keine „resource position barriers" (Wernerfelt 1984, S. 174) aufgebaut werden können. Nach der Kategorisierung von Barney (vgl. 2002, S. 173) handelt es sich bei dem Vorliegen des ersten

Kriteriums der VRIO frameworks und dem Fehlen der anderen lediglich um Wettbewerbsparität.

Ressourcenbasierte Schriften erheben den Anspruch die Personalstrategie enger mit der Unternehmensstrategie zu verknüpfen. Diesbezüglich lassen sich zwei Optionen differenzieren. Einerseits können Humanressourcen und Personalgewinnungspraktiken dazu dienen formulierte Strategien zu realisieren, anderseits können sie als Basis für die Formulierung von Personalstrategien betrachtet werden (vgl. Ridder 2002, S. 216ff). Die letzte Option verkörpert dabei eine ressourcenbasierte Unternehmensführung.

Zusammenfassend können drei Punkte festgehalten werden. Erstens, die Herausforderung für die Unternehmung liegt darin, einzigartige Praktiken, Fähigkeiten, Systeme und Potenziale in den Personalgewinnungspraktiken zu identifizieren, sie im strategischen Gesamtkontext zu bündeln und organisatorisch auszuschöpfen.

Zweitens, ein Unternehmen kann über lange Zeit gesehen, erfolgreicher sein als die Wettbewerber, wenn es gelingt Chancen auf externen und internen Arbeitsmärkten zu erkennen und Risiken zu bewältigen und entsprechend am Ausbau der Personalgewinnungsmethoden zu arbeiten. Dann kann von „organizational competencies" (Lado/Wilson 1994, S. 699), also einer organisationalen Fähigkeit, gesprochen werden, die einen dauerhaften Wettbewerbsvorteil generiert.

Drittens konnte in diesem Abschnitt aufgezeigt werden, dass eine ressourcenbasierte Betrachtung Praktiken als strategisch wertvolle Ressourcen in den Vordergrund rückt und deren Qualität als Wettbewerbsfaktor identifiziert. Da Praktiken wiederum von Humanressourcen geplant, entwickelt und implementiert werden, wird ein Zusammenhang zu der Argumentation im Abschnitt 3.2.2.1 hergestellt.

3.2.2.3 Personalgewinnung durch die Personalabteilung oder Auslagerung?

Arbeitsorganisatorische Umstrukturierungen wie Hierarchieabbau oder Outsourcing sind Reaktionen auf die Intensivierung des Wettbewerbs der letzten Jahre. Für viele Personalabteilungen bedeutet dies Auslagerung der ganzen Funktion oder Teilaufgaben (vgl. z.B. Berthel/Becker 2007, S. 512f). Zudem verstärkt sich der Trend zur Übertragung von Personalaufgaben auf direkte Führungskräfte (vgl. Holtbrügge 2007, S. 43).

Aus Sicht des RBA stellt sich daher die Frage, wie identifiziert werden kann, ob die Personalgewinnung durch die Personalabteilung einen dauerhaften Wettbewerbsvorteil darstellt und deshalb nicht an Personalberater/-dienstleister vergeben werden sollte.

Leistet die Personalabteilung direkten Beitrag zum Kerngeschäft oder sind die Leistungen wohlmöglich eine der Kernkompetenzen, weil sie die VRIO Kriterien erfüllen, sollte aus ressourcenbasierter Sicht von Outsourcing abgesehen werden.

Folgende Gründe rechtfertigen eine solche Entscheidung. Erstens, bei einer Auslagerung von Stärken kommt es zum Verlust der unternehmensspezifischen Abwicklung der Personalgewinnung und des spezifischen Know-hows. Zweitens, ein bislang nichtimitierbarer Wettbewerbsvorteil wird an die Konkurrenz preisgegeben (vgl. Neuberger 1997, S. 169). Drittens, dem Unternehmen entgeht die Chance vorhandene Potenziale weiterhin als Stärke auszuschöpfen. Hier soll kurz darauf hingewiesen werden, dass Führungskräfte, Mitarbeiter der Personalabteilung und die Praktiken wettbewerbsentscheidende Ressourcen im Sinne der Argumentation in den Abschnitt 3.2.2.1 und 3.2.2.2 sein können.

Stellen die Personalabteilung und ihre Personalgewinnungsaktivitäten keine Stärke des Unternehmens dar und sind somit nicht wettbewerbsentscheidend, kann eine Auslagerung sogar den Unternehmenserfolg steigern. Wohlmöglich ist eine Personalgewinnung aufgrund von Wissensdefiziten und fehlenden Kapazitäten im Unternehmen nicht möglich.

Ein Fremdbezug von Personalgewinnungsleistungen ermöglicht dann den Zugang zu strategisch wertvollen Ressourcen, die die vorhandene Schwäche des Unternehmens im Bereich der Personalgewinnung ausgleichen. Bei den Ressourcen kann es sich sowohl um die Personalberater und ihre Fähigkeiten handeln, als auch um das Methodenwissen und die Praktiken. Personalberater sind Experten auf ihrem Gebiet, verfügen über spezifisches Know-how und pflegen Kontakte zu potenziellen Mitarbeitern und Branchen. Headhunter ermöglichen sogar die direkte Ansprache und Abwerbung der besten Humanressourcen (vgl. hierzu Dincher/Gaugler 2002).

Auch die spezifische Konfiguration der Instrumente externer und interner Personalgewinnung sowie die Planung und Durchführung der Personalentwicklung durch Experten können wettbewerbsentscheidende Ressourcen darstellen. Die gezielte Auslagerung bestimmter Aktivitäten ermöglicht so eine verstärkte Wettschöpfungsorientierung. Unter diesen Bedingungen bewirkt die Konzentration auf die eigentlichen Stärken des Unternehmens die Generierung nachhaltiger Wettbewerbsvorteile.

3.2.3 Zur kritischen Würdigung des Ressourcenbasierten Ansatzes im Zusammenhang mit der Personalgewinnung

Im Folgenden wird herausgearbeitet, ob die vorangegangene theoretische ressourcenbasierte Betrachtung und die daraus abgeleiteten Gestaltungsempfehlungen sich dazu eignen, in der Praxis Entscheidungen in Hinblick auf die Personalgewinnung zu treffen. Aufgezeigt werden zudem mögliche Übertragungsprobleme und Defizite des Ansatzes.

Der Vorteil des RBA als theoretische Basis für personalwirtschaftliche Fragestellungen ist seine klare, in sich stimmige und nachvollziehbare Argumentationslogik. Dabei ist der Beitrag des RBA zur strategischen Entscheidungsfindung im Personalgewinnungsprozess hervorhebenswert, denn er schafft eine Verbindung zwischen der Ressourcenbasis eines Unternehmens und dessen Erfolg. Evidenz für den signifikanten Einfluss von einzelnen Ressourcen liefern empirische Untersuchungen.

So zeigt eine Recruiting-Studie von 2005, dass die Unternehmenshomepage die wichtigste Personalgewinnungsmethode ist (vgl. Becker 2005, S. 87). Unternehmen präsentieren ihre Leistungen und Stärken auf der Homepage und setzen diese in Verbindung mit der Personalgewinnungsmethode.

Viele Autoren stehen der weiten Fassung und allgemeinen Definition des Begriffes „Ressource" kritisch gegenüber. Da der Begriff nicht einheitlich definiert wird, eröffnet er Interpretationsmöglichkeiten (vgl. z.B. Wolf 2005, S. 431f). Den Kritikern ist unklar, was unter einer Ressource subsumiert wird und wie sie abgegrenzt werden kann. Dem ungeachtet, sehe ich dies eher als Chance für Unternehmen sich intensiv mit der eigenen Ressourcenbasis auseinander zu setzen und wettbewerbsentscheidende Stärken zu identifizieren. Die handfeste Klassifizierung von Ressourcen und deren eindeutige Definition sind hierbei unerheblich. Vielmehr geht es um die Schaffung einigartiger Ressourcen, die im besten Falle keiner vorher derart explizit definiert hat.

Nichtsdestotrotz kann als Schwäche des RBA festgehalten werden, dass eine ex ante Identifizierung wettbewerbsentscheidender Ressourcen oft sehr schwer ist. Dies liegt daran, dass der Beitrag einer immateriellen Ressource, z.B. der Fähigkeit der Personalabteilung zum Wettbewerbsvorteil ex ante kaum überprüft werden kann. Eine Erklärung des Erfolges der Personalgewinnung auf Basis des RBA ist ex post dagegen viel einfacher. Außerdem wird stark davon ausgegangen, dass keine Hindernisse existieren, die eine ressourcenbasierte Vorgehensweise verhindern. Viele

Unternehmen beharren aber an vorhandenen Verfahren und scheuen sich vor Innovationen, da diese mit hohen Kosten und Risiken verbunden sind.

Trotz allem macht der RBA meiner Meinung nach sehr deutlich, dass eine Humanressource im Unternehmen A, die von Unternehmen B als strategisch wertvoll bestimmt wurde und daher durch einen Headhunter vom Unternehmen A abgeworben wurde, nicht per se den selben Nutzen im Unternehmen B stiftet wie im Unternehmen A. Der Erfolg einer Humanressource hängt stark von anderen Faktoren wie z.b. Strukturen und Prozessen im Unternehmen, der Unternehmenskultur sowie dem Wissen und den Fähigkeiten anderer Humanressourcen ab. Ridder/Conrad (vgl. 2004, S. 1711f) weisen im Zusammenhang mit Humanressourcen auf Steuerungsprobleme des Personalmanagements hin. Die Transformation von Erfolgspotenzialen in Arbeitsverhalten und somit die Erschließung von Humanressourcen benötigt nach Meinung der Autoren eine spezifische Gestaltung von wettbewerbsentscheidenden Bedingungen.

Daraus ist zu schließen, dass der RBA die Zusammenhänge verschiedener Erfolgsfaktoren verdeutlicht und so eine sehr umfassende Darstellung liefert. Er bietet daher eine tragende theoretische Fundierung externer und interner Personalgewinnung. In Abschnitt 3.2.2.2 wurde herausgearbeitet, dass aus Sicht des RBA best practices nicht zu nachhaltigen Wettbewerbsvorteilen führen, da sie nicht unternehmensspezifisch sind. Empirische Studien belegen zwar, dass die best practices die Unternehmensperformance steigern (vgl. Delery/Doty 1996, S. 818), jedoch werden diese Praktiken von unzähligen Unternehmen übernommen und können aufgrund der Imitierbarkeit und Substituierbarkeit nicht als Ursache nachhaltiger Erfolge identifiziert werden. Es geht vielmehr um die Entwicklung eigener, spezieller und nicht-imitierbarer Praktiken. Dem Argument von Ridder u.a. (vgl. 2001, S. 14), dass Wettbewerbsvorsprünge aus der Abweichung von etablierten Konzepten, Praktiken und Fähigkeiten entstehen, kann daher ohne Zweifel zugestimmt werden.

Eine ressourcenbasierte Betrachtung erlaubt eine eindeutige Formulierung von Gestaltungsempfehlung. Der RBA postuliert die Gewinnung, die Isolation und den Schutz unternehmensspezifischer Ressourcen. Unternehmen sollen ihre eigenen Instrumente, Praktiken und Verfahren für die Personalgewinnung kreieren und sich nicht an vorhandene Methoden anpassen oder bestimmte Vorgehensweisen kopieren. Für Unternehmen ist diese zentrale Aussage von großer Bedeutung, weil mit Imitation keine dauerhafte Wettbewerbsfähigkeit begründet werden kann. Der Aufbau von „resource position barriers" (Wernerfelt 1984, S. 174) hingegen schützt das Unternehmen vor den Wettbewerbern.

Kritisch ist anmerken, dass die konkrete Umsetzung von Handlungsempfehlungen in der Unternehmenspraxis in Konkurrenz zu anderen Zielen stehen kann. Die mangelnde Berücksichtigung von Kosten bei einer ressourcenbasierten Betrachtung ist daher bedenklich, da sie einer realen Entscheidungsfindung nicht gerecht werden kann.

Auch sehe ich Probleme bei der tatsächlichen Umsetzung der Empfehlung. Aufgrund von Defiziten in der Personalplanung oder unvorhersehbarer Veränderungen ergibt sich der Personalbedarf für viele Unternehmen oft unerwartet, es fehlt die Zeit für individuelle Ideen, so dass Standardlösungen, eben die best practices angewendet werden. Der Aspekt der kurzfristigen Reaktion auf Veränderungen wird aber vom RBA vernachlässigt. Im Zentrum steht stattdessen die Überlegung der frühzeitigen Investition in Ressourcen und deren Entwicklung. Dies zeigt die Tatsache, dass es unmöglich ist z.B. die Karriere- und Laufbahnpläne von heute auf morgen zu verändern oder die Personalgewinnung ganz auszulagern.

Böck (vgl. 2004, S. 226) präsentiert aktuelle Studien zur Mitarbeiterzufriedenheit in deutschen Unternehmen, die ein hohes Fluktuationspotenzial von Mitarbeitern zeigen. Um der ungewollten Fluktuation entgegenzuwirken, stellt die Personalbindung ein geeignetes Instrument dar, dabei kann es sich um das Angebot von Entwicklungs- und Karrieremöglichkeiten handeln (vgl. ebd., S. 230ff).

Stellvertretend für viele sei die Auffassung von Oechsler (vgl. 2006, S. 221) zitiert, der der internen Stellenbesetzung Vorrang einräumt. Interne Aufstiegsmöglichkeiten schaffen ein Motivationspotenzial, verbessern das Betriebsklima und können den ungewollten Abfluss von qualifiziertem Personal verhindern. Theoretische Gründe für die hohe Bedeutung der Ressource interne Personalgewinnung, können somit empirisch verifiziert werden. Auf lange Sicht gesehen, sichert der systematische Ausbau strategischer Ressourcen der externen und internen Personalgewinnung dauerhafte Wettbewerbsvorteile.

Positiv anzumerken ist die Tatsache, dass der RBA eine solide Basis für die Diskussion und die Begründung einer Entscheidung bezüglich der Auslagerung der Personalgewinnung bietet. In der Praxis sollten Unternehmen, die überdurchschnittliche Renten generieren wollen, darum bemüht sein ihre Stärken auszubauen und zu schützen und ihre Schwächen dagegen auszugleichen. Zudem wurde die Bedeutung von Personalberatern und -dienstleistern betont, aber auch mögliche Risiken aufgezeigt.

Zusammenfassend kann gesagt werden, dass der RBA sich als außerordentlich tauglich erwiesen hat, die Relevanz der wettbewerbsentscheidenden Faktoren der Personalgewinnung zu erforschen und die Signifikanz einiger Methoden der externen Personalgewinnung und im Speziellen die der internen Personalgewinnung hervorzuheben und theoretisch zu untermauern. Demzufolge ermöglicht dieser Ansatz nicht nur die Erklärung von Erfolgsursachen einer Unternehmung, sondern auch die Ableitung fruchtbarer Gestaltungsempfehlungen für die Personalgewinnung, die in der Empirie auf Zustimmung stoßen.

3.3 Vergleich und Diskussion der Ergebnisse der Mehrperspektivenanalyse

Begonnen wird mit einer Gegenüberstellung von TKT und RBA sowie ihrer Ergebnisse in Bezug auf externe und interne Personalgewinnung.

In der „Programmatik einer institutionenökonomischen Organisationsanalyse" (Ebers/Gotsch 2006, S. 247), die in der TKT repräsentiert wird, geht es um den Vergleich der Effizienz der Organisationsformen Hierarchie, Hybrid und Markt. Dabei wurde in Abschnitt 3.1.2 die Abwicklung der Personalgewinnung untersucht. Die TKT hat erklärt, unter welchen Bedingungen die Personalgewinnung unternehmensintern durch die Personalabteilung, durch Fremdbezug über Personalberater oder in Zusammenarbeit beider effizienter, im Sinne niedrigere TK, abgewickelt werden kann.

Im Vergleich dazu zählt der RBA zu den Ansätzen des strategischen Managements (vgl. Wolf 2005, S. 412) und integriert ökonomische Aspekte, indem er versucht, dauerhafte Wettbewerbsvorteile anhand der Ausstattung von Ressourcen im Unternehmen zu erklären. Das Verständnis von Effizienz ist sehr weit gefasst und zieht auf die Schaffung eines größeren Wertes in Form von Renten (vgl. Peteraf/Barney 2003, S. 311). Dies hat im Abschnitt 3.2.2 eine Identifikation von Erfolgsfaktoren in der Personalgewinnung ermöglicht und die Interdependenz zwischen Humanressourcen, Personalgewinnungspraktiken und Kompetenzen der Personalabteilung veranschaulicht.

Die TKT impliziert eine stark selektive und zeitlich begrenzte Wahrnehmung der Personalgewinnung. Dies resultiert insbesondere aus dem Grund, da das Ziel der TKT der Einsparungsversuch bei einer Personalgewinnungsleistung ist. Indem der RBA auf die Generierung von Wettbewerbsvorteilen zielt, weckt er dagegen das Bewusstsein für die Bedeutung der Personalgewinnung auf lange Sicht. Bezüglich des Konzeptes lässt sich schlussfolgern, dass der RBA auf eine ganzheitliche Betrachtung der Personalgewinnung fokussiert, da zuerst strategisch wertvolle Ressourcen identifiziert werden, dann eine Kombination und Verknüpfung zum System erfolgt, um Erfolgspotenziale ausschöpfen zu können.

Die Ergebnisse der Gegenüberstellung zeigen, dass aus verschiedenen Blickwinkeln betrachtet unterschiedliche Erklärungen von Ursachen und Wirkungen zu differenzierten Schlussfolgerungen und Entscheidungen führen können.

Im Folgenden wird auf den Erkenntnisgewinn aus der Mehrperspektivenanalyse eingegangen. Im Zusammenhang mit der Diskussion um die theoretische Basis der Personalwirtschaftslehre verfolgen einige Autoren die Auffassung, man solle eine Verknüpfung unterschiedlicher Sichtweisen ermöglichen (vgl. hierzu Süß 2004). Wenn „*keine radikalen Unterschiede*" (ebd., S. 237, Herv. i. O.) existieren, sind Sichtweisen laut Süß (2004) nicht inkommensurabel, so dass einer Verknüpfung in Form von Theoriekombination oder -integration nichts im Wege steht (vgl. ebd., S. 238).

Grieger (vgl. 2005, S. 80) dagegen lehnt eine Integration unterschiedlicher Sichtweisen zu einen neuen Aussagesystem aus methodischen Gründen ab und widerspricht auch einer additiven Verknüpfung. Der Autor betont, dass Kommensurabilität immer dann vorliegt, wenn:

„Systeme auf differenzierten wissenschaftstheoretischen Fundamenten aufbauen, die das Grundverständnis von Theoriekonstruktion und -verwendung betreffen und die Bestimmung des Wissenschaftsziels (Deskription, Explikation, Präskription), der Anforderungen an die Ableitung verallgemeinerbarer Aussagen sowie der Erkenntnisinteressen leiten" (ebd.).

Evidenz für die Existenz fundamentaler Diskrepanzen zwischen verschiedenen Theorien bzw. Ansätzen liefern zahlreiche Analysen (vgl. Grieger 2004, S. 22ff). Fraglich erscheint nicht nur Süß's (2004) Begründung der Kommensurabilität, sondern auch die Tatsache, dass er bei seinen Beispielen das Beste aus den jeweiligen Ansätzen raussucht, um Defizite anderer Ansätze mit diesen Erkenntnissen zu füllen.

Auch in dieser Untersuchung ist deutlich geworden, dass die TKT und der RBA auf unterschiedlichen Annahmen und verschiedenen zentralen Thesen basieren. Die Analyse der Personalgewinnung ist dementsprechend unterschiedlich gestaltet. Entscheidungen auf Basis der TKT bzw. des BRA können dann und nur dann objektiv gemessen werden, wenn sie anhand ansatzimmanenter Kriterien getroffen werden. Bei einer Verknüpfung der TKT und des RBA ist ein objektiver Maßstab nicht mehr gegeben.

Vorteilhaft bei der Übertragung fachfremder Ansätze auf personalwirtschaftliche Fragestellungen ist gerade die „Geschlossenheit und Einheitlichkeit solcher theoretischen Ansätze" (Drumm 2005, S. 15), eine Zusammenführung mehrerer Ansätze zerstört diese Vorzüge, da eine stringente Argumentation (vgl. auch Grieger 2004, S. 3) nicht mehr möglich ist.

Allein aus Plausibilitätsgründen wäre eine Zusammenführung nicht sinnvoll, da die zentrale These eines Ansatzes, primär auf den essentiellen Annahmen beruht. Werden nun mehrere Ansätze zu einem neuen Fundament zusammengeführt, existieren komplementäre und konkurrierende Annahmen nebeneinander. Aussagen bilden keine logische Argumentationskette und sind daher nicht im Stande, in sich stimmige Gestaltungsempfehlungen für die Unternehmenspraxis zu generieren.

Die Fokussierung auf einen einzigen Ansatz impliziert aber eine verengte Problemsicht und birgt die Gefahr einige Aspekte außen vor zu lassen (vgl. Drumm 2005, S. 15).

Im Gegensatz dazu bietet die Mehrperspektivenanalyse wertvolle Erkenntnisse, indem sie den Blick auf verschiedene Aspekte der Personalgewinnung schärft, ohne die Intention zu verfolgen die verschiedenen Betrachtungsweisen miteinander zu vermischen. Gezeigt wird lediglich welche Bilder von einem Gegenstand gemalt werden und wie differenziert Analysen gestaltet werden können (vgl. Sieben u.a. 2003, S. 24). Insgesamt kann festgehalten werden, dass die Grundidee der TKT und des RBA fruchtbar gemacht wurden für die Analyse der Personalgewinnung. Dabei ist ein konstruktiver Umgang mit verschiedenen Sichtweisen nötig. Eine pragmatische Lösung liegt in der Möglichkeit inkommensurable Ansätze dialogisch aufeinander zu beziehen (vgl. hierzu Grieger 2004). Hierfür ist eine kritische Aufgeschlossenheit unabdingbar (vgl. ebd., S. 522). Aus dem Aufeinanderbezug unterschiedlicher Betrachtungsweisen gehen Widersprüche hervor, die eine Spannung erzeugen. Diese kann potenziell dazu genutzt werden, aus der Vielfalt der Erkenntnisse zu lernen.

Die Schaffung einer erweiterten Problemsicht wird der heterogenen und interdisziplinären Personalwirtschaft gerecht und öffnet die Personalgewinnung theoretisch für verschiedene Denkrichtungen. Wohlmöglich bilden die Widersprüche reale Probleme ab und weisen somit auf Chancen und Risiken der Personalgewinnung hin. In Hinblick auf die praktische Umsetzung kann die Schlussfolgerung gezogen werden, dass die Entscheidungsfindung in der Unternehmenspraxis viel transparenter gestaltet werden kann. Beispielsweise bei einer Entscheidungsfindung zum Outsourcing oder zur Rekrutierung bestimmter Personengruppen.

4 Fazit

Die vorliegende Untersuchung hat sich dem State of Art der Personalgewinnung gewidmet. Traditionelle und neuere Methoden externer und interner Personalgewinnung konnten aufgezeigt werden. Auf diese Art wurde die Relevanz von potenziellen Mitarbeitern auf dem externen Arbeitsmarkt als auch die der Mitarbeiter im Unternehmen hervorgehoben. Außerdem wurden die Abhängigkeit und der Einfluss von anderen wichtigen Faktoren herausgearbeitet.

Die TKT und der RBA als theoretische Basis der Personalgewinnung im Rahmen der Mehrperspektivenanalyse haben einerseits gezeigt, wie breit das Spektrum der Anwendungsmöglichkeiten sein kann. Andererseits ist deutlich geworden, dass signifikante Unterschiede zwischen den Betrachtungen existieren. Überlegungen zur effizienten Abwicklung und zu Aspekten des Outsourcings können vertieft mit der TKT diskutiert werden. Im Zentrum der transaktionskostentheoretischen Betrachtung der Personalgewinnung stand die Senkung der Kosten.

Der RBA hingegen beabsichtigt die Identifikation und den Ausbau von exklusiven Ressourcen. Er setzt die Betonung stark auf die Qualität der Ressourcen. Auf Basis des RBA konnten das Personal, die Praktiken externer und interner Personalgewinnung und die Personalabteilung als einständige Ressourcen untersucht werden. Im strategischen Zusammenhang wurde ihr Betrag zur Begründung des Unternehmenserfolges herausgearbeitet.

Es kann auch eine Parallele zwischen den Sichtweisen festgehalten werden. Beide bieten Kriterien zur Beurteilung einer Entscheidung. Die TKT die Koordinations- und Motivationskosten zur Auswahl eines institutionellen Arrangements und der RBA die VRIO Kriterien zur Beurteilung der Wettbewerbsfähigkeit von Ressourcen. Ausschlaggebend ist eine gewisse Spezifität. Das Begriffsverständnis ist aber in den beiden Sichtweisen sehr verschieden. Der Begriff bezieht sich bei der TKT auf Investitionen und im RBA auf die Einzigartigkeit von Ressourcen.

Basierend auf den Ergebnissen der transaktionskostentheoretischen und ressourcenbasierten Betrachtung kann somit konstatiert werden, dass differenzierte Gestaltungsempfehlungen ableitbar sind.

Eine Theoriebildung impliziert immer eine Reduktion der Realität. Das Phänomen, das sich einige Aspekte in der jeweiligen Sichtweise der Analyse entziehen, ist demnach unvermeidlich. Besonders hervorhebenswert erscheint die Erkenntnis, dass die Mehrperspektivenanalyse es ermöglicht, Themenkomplexe kritisch zu hinterfragen und somit neuartige Einsichten in der Personalgewinnung zu liefern.

Daraus lässt sich der Schlussfolgerung ziehen, dass beide Betrachtungen auf Chancen und Risiken externer und interner Personalgewinnung hinweisen konnten. Fragestellungen und Entscheidungen im Zusammenhang mit der Personalgewinnung werden transparenter und können umfassender analysiert und gestaltet werden. Möglicherweise stellen gerade die konkurrierenden Handlungsempfehlungen und Widersprüche reale Probleme dar und schärfen so den Blick auf bislang unbeleuchtete Aspekte.

Literaturverzeichnis

Barney, Jay B. (1991): Firm Resources and Sustained Competitive Advantage, in: Journal of Management, 17. Jg., Heft 1, S. 99-120.

Barney, Jay B. (2002): Gaining and Sustaining Competitive Advantage, 2. Aufl., New Jersey: Prentice Hall.

Barney, Jay. B./Wright, Patrick M. (1998): On Becoming a Strategic Partner: The Role of Human Resources in Gaining Competitive Advantage, in: Human Resource Management, 37. Jg., Heft 1, S. 31-46.

Beck, Christoph (2005): Recruiting-Studie 2005. Eine empirische Untersuchung von 600 Unternehmen zu den Themen Recruiting von Führungskräften, E-Recruiting und den Recruiting-Trends, mit Größen- und Branchenvergleichen, Koblenz: Fachhochschule Koblenz.

Berthel, Jürgen/Becker, Fred G. (2007): Personal-Management. Grundzüge für Konzeptionen betrieblicher Personalarbeit, 8. Aufl., Stuttgart: Poeschel.

Böck, Ruth (2004): Spannungsfeld zwischen Personalberatung und Personalbindung, in: Bröckermann, Reiner/Pepels, Werner (Hrsg.): Personalbindung: Wettbewerbsvorteile durch strategisches Human Resource Management, Berlin: Schmidt, S. 225-244.

Bröckermann, Reiner (2001): Personalwirtschaft. Lehrbuch für das praxisorientiertes Studium, 2. Aufl., Stuttgart: Poeschel.

Bröckermann, Reiner/Pepels, Werner (2002): Personalmarketing: Akquisition-Bindung-Freistellung, Stuttgart: Poeschel.

Bühner, Rolf (2005): Personalmanagement, 3. Aufl., München/Wien: Oldenbourg.

Coase, Roland H. (1937): The Nature of the Firm, in: Economica, 4. Jg., Heft 4, S. 386-405.

Commons, John R. (1931): Institutional Economics, in: The American Economic Review, 21. Jg., Heft 4, S. 648-657.

Conradi, Walter (1983): Personalentwicklung, Stuttgart: Enke.

Delery, John E./Doty, D. Harold (1996): Modes of Theorizing in Strategic Human Resource Management: Test of Universalistic, Contingency and Configurational Performance Predictions, in: Academy of Management Journal, 39. Jg., Heft 4, S. 802-835.

Dierickx, Ingemar/Cool, Karel (1989): Asset Stock Accumulation and Sustainability of Competitive Advantage, in: Management Science, 35. Jg., Heft 12, S. 1504-1511.

Dincher, Roland/Gaugler, Eduard (2002): Personalberatung bei der Beschaffung von Fach- und Führungskräften, Schriftreihe Band 58, Mannheim: Forschungsstelle für Betriebswirtschaft und Sozialpraxis e.V.

Drumm, Hans Jürgen (2005): Personalwirtschaft, 5. Aufl., Berlin u.a.: Springer.

Ebers, Mark/Gotsch, Wilfried (2006): Institutionenökonomische Theorien der Organisation, in: Kieser, Alfred/Ebers, Mark (Hrsg.): Organisationstheorien, 6. Aufl., Stuttgart: Kohlhammer, S. 247-308.

Eigler, Joachim (1996): Transaktionskosten als Steuerungsinstrument für die Personalwirtschaft, Frankfurt a.M.: Lang.

Erlei, Mathias/Jost, Peter-J. (2001): Theoretische Grundlagen des Transaktionskostenansatzes, in: Jost, Peter-J. (Hrsg.): Der Transaktionskostenansatz in der Betriebswirtschaftslehre, Stuttgart: Poeschel, S. 35-75.

Föhr, Silvia (1995): Personalberatung als Institution: Make or Buy-Entscheidungen im Personalbereich, in: Zeitschrift für Personalforschung, 9. Jg., Heft 2, S. 135-162.

Föhr, Silvia (2004): Personalberatung, in: Gaugler, Eduard/Oechsler, Walter A./Weber, Wolfgang (Hrsg.): Handwörterbuch des Personalwesens, 3. Aufl., Stuttgart: Poeschel, Sp. 1394-1403.

Fröhlich, Werner/Holländer, Karoline (2004): Personalbeschaffung und -akquisition, in: Gaugler, Eduard/Oechsler, Walter A./Weber, Wolfgang (Hrsg.): Handwörterbuch des Personalwesens, 3. Aufl., Stuttgart: Poeschel, Sp. 1403-1419.

Gmür, Markus/Karczyniski, Daniel/Martin, Peter (2002): Employer Branding: Schlüsselfunktion im strategischen Personalmarketing, in: Personal, 54. Jg., Heft 10, S. 12-15.

Goedicke, Anne/Brose, Hanns-Georg/Diewald, Martin (2006): Herausforderungen der demographischen Wandels für die betriebliche Beschäftigungspolitik, in: Nienhüser, Werner (Hrsg.): Beschäftigungspolitik von Unternehmen. Theoretische Erklärungsansätze und empirische Erkenntnisse, München/Mering: Hampp, S. 151-174.

Grant, Robert M. (1991): The Resource-Based Theory of Competitive Advantage: Implications for Strategy Formulation, in: California Management Review, 33. Jg., Heft 3, S. 114-135.

Gratton, Lynda (1999): People Processes as a Source of Competitive Advantage, in: Gratton, Lynda/Hailey Hope, Veronica/Stiles, Philip/Truss, Catherine (Hrsg.): Strategic Human Resource Management. Corporate Rhetoric and Human Reality, New York: Oxford, S. 170-198.

Grieger, Jürgen (2004): Ökonomisierung in der Personalwirtschaft und Personalwirtschaftslehre. Theoretische Grundlagen und praktische Bezüge, Wiesbaden: Gabler.

Grieger, Jürgen (2005): Ökonomischer Imperialismus als Krise der Personalwirtschaftslehre?, in: Die Betriebswirtschaft, 65. Jg., Heft 4, S. 79-82.

Hax, Herbert (1991): Theorie der Unternehmung: Information, Anreize und Vertragsgestaltung, in: Ordelheide, Dieter/Rudolph, Bernd/Büsselmann, Elke (Hrsg.): Betriebswirtschaftslehre und Ökonomische Theorie, Stuttgart: Poeschel, S. 51-72.

Hentze, Joachim/Kammel, Andreas (2001): Personalwirtschaftslehre 1. Grundlagen, Personalbedarfsermittlung, -beschaffung, -entwicklung und -einsatz, 7. Aufl., Bern u. a.: Haupt.

Holtbrügge, Dirk (2007): Personalmanagement, 3. Aufl., Berlin u.a.: Springer.

Jäger, Wolfgang/Jäger Martina (1997): Virtuelle Bewerberabwicklung im Internet, in: Personalwirtschaft, 24. Jg., Heft 3, S. 30-31.

Jung, Hans (2006): Personalwirtschaft, 7. Aufl., München/Wien: Oldenbourg.

Klimecki, Rüdiger G./Gmür, Markus (2005): Personalmanagement. Strategien, Erfolgsbeiträge, Entwicklungsperspektiven, 3. Aufl., Stuttgart: Lucius und Lucius.

Knoblauch, Rolf (2002): Personalakquisition, in: Bröckermann, Reiner/Pepels, Werner (Hrsg.): Personalmarketing: Akquisition-Bindung-Freistellung, Stuttgart: Poeschel, S. 56-70.

Kompa, Ain (1989): Personalbeschaffung und Auswahl, 2. Aufl., Stuttgart: Enke.

Lado, Augustine A./Wilson, Mary C. (1994): Human Resources and Sustained Competitive Advantage: A Competency-Based Perspective, in: Academy of Management Review, 19. Jg., Heft 4, S. 699-727.

Milgrom, Paul/Roberts, John (1992): Economics, Organization and Management, New Jersey: Prentice Hall.

Neuberger, Oswald (1997): Personalwesen 1. Grundlagen, Entwicklung, Organisation, Arbeitszeit, Fehlzeiten, Stuttgart: Enke.

Oechsler, Walter A. (2006): Personal und Arbeit. Grundlagen des Human Resource Management und der Arbeitgeber-Arbeitnehmer-Beziehungen, 8. Aufl., München/Wien: Oldenbourg.

Penrose, Edith T. (1959): The Theory of the Growth of the Firm, New York: Oxford University Press.

Peteraf, Margaret A./Barney Jay B. (2003): Unraveling the Resource-Based Tangle, in: Managerial and Decision Economics, 24. Jg., Heft 4, S. 309-323.

Picot, Arnold (1991): Ökonomische Theorien der Organisation. Ein Überblick über neuere Ansätze und deren betriebswirtschaftliches Anwendungspotential, in: Ordelheide, Dieter/Rudolph, Bernd/Büsselmann, Elke (Hrsg.): Betriebswirtschaftslehre und Ökonomische Theorie, Stuttgart: Poeschel, S. 143-170.

Picot, Arnold/Reichwald, Ralf/Wigand, Rolf T. (2003): Die grenzenlose Unternehmung. Information, Organisation und Management, 5. Aufl., Wiesbaden: Gabler.

Rasche, Christoph/Wolfrum, Bernd (1994): Ressourcenorientierte Unternehmensführung, in: Die Betriebswirtschaft, 54. Jg., Heft 4, S.501-517.

Rastetter, Daniela (1996): Personalmarketing, Bewerberauswahl und Arbeitsplatzsuche, Stuttgart: Enke.

Ridder, Hans-Gerd (2002): Vom Faktoransatz zum Human Resource Management, in: Schreyögg, Georg/Conrad, Peter (Hrsg.): Theorien des Managements, Wiesbaden: Gabler, S. 211-240.

Ridder, Hans-Gerd (2007): Personalwirtschaftslehre, 2. Aufl., Stuttgart: Kohlhammer.

Ridder, Hans-Gerd/Conrad, Peter/Schirmer, Frank/Bruns, Hans-Jürgen (2001): Strategisches Personalmanagement. Mitarbeiterführung, Integration und Wandel aus ressourcenorientierter Perspektive, Landsberg/Lech: Moderne Industrie.

Ridder, Hans-Gerd/Conrad, Peter (2004): Ressourcenorientierte Ansätze des Personalmanagements, in: Gaugler, Eduard/Oechsler, Walter A./Weber, Wolfgang (Hrsg.): Handwörterbuch des Personalwesens, Stuttgart: Poeschel, Sp. 1705-1716.

Saá-Pérez, Petra De/García-Falcón, Juan M. (2002): A Resource-Based View of Human Resource Management and Organisational Capabilities Development, in: International Journal of Human Resource Management, 13. Jg., Heft 1, S. 123-140.

Sadowski, Dieter/Backes-Gellner, Uschi/Frick, Bernd/Brühl, Norbert/Pull, Kerstin/Schröder, Michael/Müller, Constanze (1994): Weitere 10 Jahre Personalwirtschaftslehren - ökonomischer Silberstreif am Horizont, in: Die Betriebswirtschaft, 54. Jg., Heft 3, S. 397-410.

Schanz, Günther (2000): Personalwirtschaftslehre. Lebendige Arbeit in verhaltenswissenschaftlicher Perspektive, 3. Aufl., München: Vahlen.

Schneider, Bernhard (1995): Personalbeschaffung. Eine vergleichende Betrachtung von Theorie und Praxis, Frankfurt a.M.: Lang.

Scholz, Christian (2000): Personalmanagement. Informationsorientierte und verhaltenstheoretische Grundlagen, 5. Aufl., München: Vahlen.

Schreiber-Tennagels, Susanne (2002): Internet-Stellenmärkte, in: Bröckermann, Reiner/Pepels, Werner (Hrsg.): Personalmarketing: Akquisition-Bindung-Freistellung, Stuttgart: Poeschel, S. 71-85.

Sieben, Barbara/Emmerich, Astrid/Huesmann, Monika/Krell, Gertraude/Ortlieb, Renate (2003): Leitfaden für das wissenschaftliche Bearbeiten personalpolitischer Fragestellungen, München/Mering: Hampp.

Steinmann, Horst/Schreyögg, Georg (2005): Management. Grundlagen der Unternehmensführung. Konzepte, Funktionen, Fallstudien, 6. Aufl., Wiesbaden: Gabler.

Süß, Stefan (2004): Weitere 10 Jahre später: Verhaltenswissenschaften und Ökonomik, in: Zeitschrift für Personalforschung, 18. Jg., Heft 2, S. 222-242.

Thiele, Michael (1997): Kernkompetenzorientierte Unternehmensstrukturen. Ansätze zur Neugestaltung von Geschäftsbereichsorganisationen, Wiesbaden: Gabler.

Thom, Norbert (2006): Trends in der Personalentwicklung, in: Thom, Norbert/Zaugg, Robert J. (Hrsg.): Moderne Personalentwicklung: Mitarbeiterpotenziale erkennen, entwickeln und fördern, Wiesbaden: Gabler, S. 5-16.

Weber, Wolfgang/Mayrhofer, Wolfgang/Nienhüser, Werner/Kabst, Rüdiger (2005): Lexikon Personalwirtschaft, 2. Aufl., Stuttgart: Poeschel.

Weibler, Jürgen/Wald, Andreas (2004): 10 Jahre personalwirtschaftliche Forschung. Ökonomische Hegemonie und die Krise einer Disziplin, in: Die Betriebswirtschaft, 64 Jg., Heft 3, S: 259-275.

Wernerfelt, Birger (1984): A Resource-Based View of the Firm, in: Strategic Management Journal, 5. Jg., Heft 2, S. 171-180.

Williamson, Oliver E. (1975): Markets and Hierarchies: Analysis and Antitrust Implications, New York: Free Press.

Williamson, Oliver E. (1985): The Economic Institutions of Capitalism: Firms, Markets, Relational Contracting, New York: Free Press.

Williamson, Oliver E. (1991): Comparative Economic Organization: The Analysis of Discrete Structural Alternatives, in: Administrative Science Quarterly, 36. Jg., Heft 2, S. 269-296.

Windolf, Paul (1990): Strategien der Personalbeschaffung, in: Berthel, Jürgen/Groenewald, Horst (Hrsg.): Personal-Management, Landsberg a.L., Teil IV: Zentrale Schwerpunkte des Personal-Managements, Beitrag 1.1: 1-12.

Wolf, Joachim (2005): Organisation, Management, Unternehmensführung. Theorien und Kritik, 2. Aufl., Wiesbaden: Gabler.

Wullenkord, Axel (2005): Entwicklungen und Perspektiven im Outsourcing, in: Wullenkord, Axel (Hrsg.): Praxishandbuch Outsourcing. Strategisches Potenzial, aktuelle Entwicklung, effiziente Umsetzung, München: Vahlen, S. 3-12.

Wunderer, Rolf (2006): Führung und Zusammenarbeit. Eine unternehmerische Führungslehre, 6. Aufl., München: Luchterhand.

Wunderer, Rolf/Mittmann, Josef (1983): 10 Jahre Personalwirtschaftslehren – von Ökonomie nur Spurenelement, in: Die Betriebswirtschaft, 43. Jg., Heft 4, S. 623-655.

Wright, Patrick M./McMahan, Gary C./McWilliams, Abagail (1994): Human Resources and Sustained Competitive Advantage: A Resource- Based Perspective, in: International Journal of Human Resource Management, 5. Jg., Heft 2, S. 301-326.

Wright, Patrick M./Snell, Scott A. (1998): Toward a Unifying Framework for Exploring Fit in Strategic Human Resource Management, in: Academy of Management Review, 23. Jg., Heft 4, S. 756-772.

Wright, Patrick M./Dunford, Benjamin B./Snell, Scott A. (2001): Human Resources and the Resource Based View of the Firm, in: Journal of Management, 27. Jg., Heft 6, S. 701-721.

Anhang

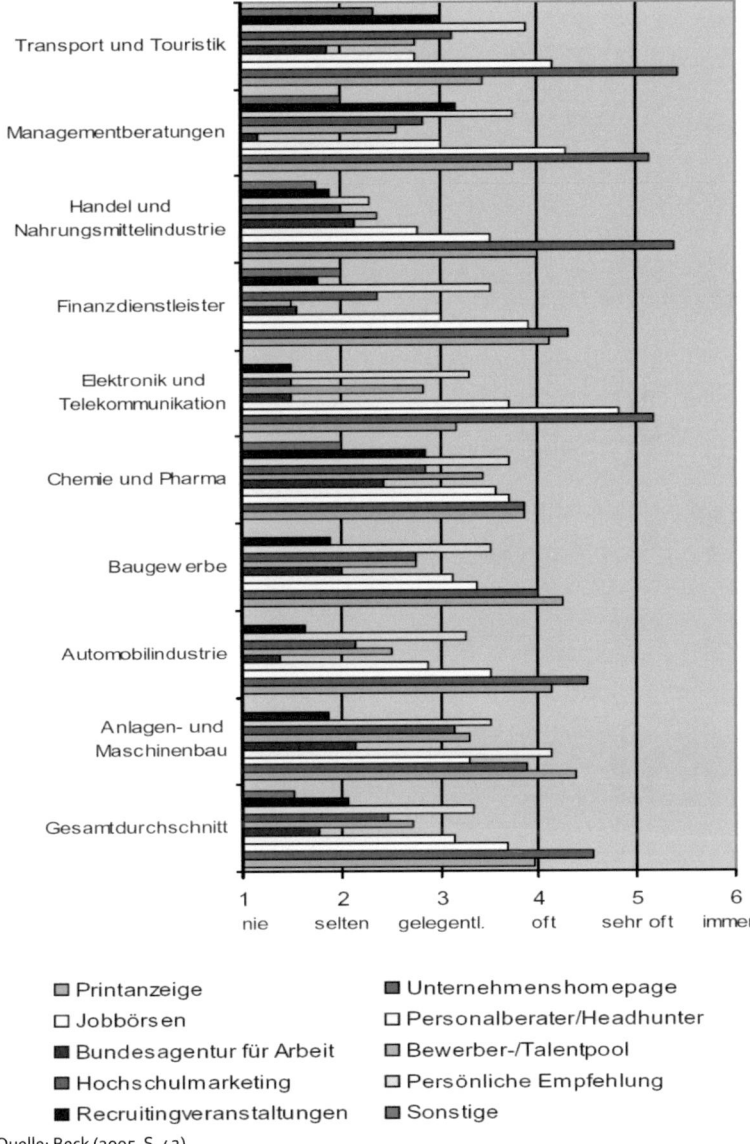

Quelle: Beck (2005, S. 42)
Abbildung1: Nutzungsgrad der Beschaffungsmethoden (Branchenvergleich)